Couverture :
La Roque-Gageac,
Dordogne.

Gardes :
Trigance,
Var.

Page 7 :
Le Moulin de Daudet,
Fontvieille, Bouches-du-Rhône.

Dos :
Carte du XVIIIe siècle.

Crédit photographique :

Pix/d'Amboise : *43, 75,* **Pix/Anger** : *67, 73,* **Pix/Apa** : *69,* **Pix/Beaugeois** : *33a,* **Pix/Bénazet** : *89, 92/93, 111a, 111b,* **Pix/Bogner** : *31, 33b,* **Pix/Cauchetier** : *49a, 53, 95,* **Pix/Cauchoix** : *81,* **Pix/Gauthier** : *46/47, 49b, 50/51,* **Pix/d'Hérouville** : *39b, 59a,* **Pix/d'Hoste** : *109,* **Pix/Labbé** : *19, 77a,* **Pix/La Cigogne** : *15, 55, 104/105,* **Pix/Lerault** : *21a,* **Pix/Lourel** : *65,* **Pix/Magne** : *25,* **Pix/Marcou** : *79,* **Pix/Meauxsoone** : *13, 71,* **Pix/Protet** : *28/29,* **Pix/Revault** : *35b,* **Pix/Rouzeaud** : *2/3, 57b, 59b, 62/63,* **Pix/Sarramon** : *83,* **Pix/Téoulé** : *17, 21b, 23, 77b, 85, 87c,* **Pix/Valarcher** : *57a, 87a,* **Pix/Viard** : *37,* **Pix/Voge** : *39a, 101,* **Pix/del Vecchio** : *121, l'éclairage de la Tour Eiffel est réalisé par la Société Nouvelle d'Exploitation de la Tour Eiffel, création Pierre Bideau;*
Slide/Repérant :*1;*
Gsell : *7.*

Collaboration : **F. B.**

LA FRANCE

LA FRANCE

Sommaire

LES AGRANDISSEMENTS DE LA FRANCE AU XIXᵉ SIÈCLE

1. CARNAC	14. AVIGNON	27. LE PÉRIGORD
2. RENNES	15. NÎMES	28. BORDEAUX
3. LE MONT-SAINT-MICHEL	16. ARLES	29. CHENONCEAU
4. LE CHÂTEAU D'O	17. MARSEILLE	30. CHAMBORD
5. LE BEC-HELLOUIN	18. LA CÔTE D'AZUR	31. CHARTRES
6. ÉTRETAT	19. LA CORSE	32. GIVERNY
7. LILLE	20. CARCASSONNE	33. CHANTILLY
8. NANCY	21. MONTSÉGUR	34. REIMS
9. STRASBOURG	22. ALBI	35. LA TERRE
10. ARC-ET-SENANS	23. TOULOUSE	36. VAUX-LE-VICOMTE
11. BEAUNE	24. GAVARNIE	37. FONTAINEBLEAU
12. LYON	25. LA CÔTE BASQUE	38. VERSAILLES
13. LE MONT-BLANC	26. LES LANDES	39. PARIS

AVANT-PROPOS

La France... quelques pages... quelques sites, pourquoi ceux-là, pourquoi pas d'autres ? Pourquoi telle époque, tel style, telle région ? La liste des interrogations pouvait s'avérer longue si l'on avait voulu présenter ici toutes les richesses de l'Hexagone et comptabiliser toutes celles que l'on n'avait pu faire figurer, faute de place. Mais chaque ouvrage obéit à un but précis et le nôtre est d'illustrer en quelques pages la richesse et la pluralité de la France.

Peu de pays peuvent s'enorgueillir d'autant de diversités géographiques, naturelles, historiques et culturelles sur lesquelles s'est greffé le talent de tant d'artistes.

Un îlot dans la mer et la foi fait surgir le Mont-Saint-Michel ; un brillant chevalier demande à son seigneur l'autorisation de se retirer du monde, à l'exemple des anachorètes du mont Athos, et la modeste communauté du Bec deviendra l'un des plus importants foyers intellectuels de la chrétienté du Moyen Age. La Manche strie le calcaire et les falaises d'Etretat symboliseront une forme d'érosion maritime.

Un roi en exil se voit offrir par son gendre une ville qu'il veut rallier en douceur à la Couronne et Nancy brillera de mille feux. Les Romains veulent prouver la suprématie de leur civilisation et leurs architectes dressent des arènes, des temples, des aqueducs et, deux mille ans après, les arches du Pont du Gard témoignent sans conteste des raffinements de leur civilisation. Puis, plus d'un millénaire après, les Romains ne peuvent assurer la sécurité du Vatican et Avignon devient la nouvelle Rome, avant d'être aux yeux de certains, la nouvelle Babylone. Des « purs », les Cathares, se dressent eux aussi contre les légats de Rome et c'est Carcassonne et Montségur. Pour prouver que Rome est toujours dans Rome, c'est Albi et les trésors de la cathédrale Sainte-Cécile. A Toulouse, les capitouls témoignent de la réussite d'une saine et efficace gestion.

De nombreux siècles plus tôt, la montagne se plie sur elle-même, explose, se fige et se dresse dans le superbe « chaos de Gavarnie ».

Au sud d'Avignon, sur des rivages ensoleillés et, par nature, terre d'accueil, la vie est plus douce, la végétation généreuse et superbe et, avant notre ère comme aujourd'hui, la Méditerranée semble une terre d'élection et de richesses. Les marées de l'Atlantique présentent d'autres avantages, mais très différents, le seuil de Naurouze qui partage ces deux influences est une frontière impalpable mais infranchissable.

Les châteaux du Périgord ou du Bordelais, leurs vignobles, appartiennent à l'Atlantique et l'influence d'Aliénor se sent encore en sourdine. On remonte vers la Loire et les rois de France nous content leurs amours.

Henri II dote sa maîtresse, meurt, sa femme si longtemps délaissée reprend le pouvoir et Chenonceau se pare des fastes de « la Médicis ». François Ier veut asseoir un pouvoir difficilement acquis et Chambord éblouit Charles Quint. Le feu s'acharne sur un lieu saint et, bientôt, la cathédrale de Chartres devient «la grande sœur », celle que tous les bâtisseurs de la foi veulent imiter.

Un jeune surintendant des Finances transforme en or tout ce qu'il touche et le château de Vaux, trop beau, déchaîne la jalousie d'un jeune roi qui voudra faire encore plus beau, encore plus grandiose et Versailles surgira, comme un enchantement et, à son tour, fera beaucoup d'envieux dans les cours étrangères. La France deviendra le symbole de tous les fastes.

Et pour finir, Paris, au cœur de la vieille Ile-de-France. Sur les vestiges d'un temple romain, les chrétiens édifient le symbole même de la chrétienté occidentale, Notre-Dame-de-Paris et, à quelques kilomètres de là, des siècles plus tard, sur un terrain inauguré par un étrange convention- nel, Gustave Eiffel élève une tour, pour quelques mois, et, un siècle plus tard, l'édifice d'acier symbolise la capitale pour des millions d'étrangers.

Sur la rive droite, au début du second millénaire, Philippe Auguste avait abrité son pouvoir dans un palais d'avant-garde, le Louvre ; à la veille du troisième millénaire, une architecture empruntée aux plus anciens Egyptiens se pare d'un matériau futuriste pour symboliser à son tour un avenir attaché aux signes les plus traditionnels.

La splendeur de la France ne se limite pas à ces quelques sites symboliques et c'est avec regret que nous avons délaissé tant d'autres lieux, tant d'autres régions, symboles d'autres richesses. Notre propos était, à travers un château, une cathédrale, une abbaye, le détail d'une place, d'un village, d'une façade, de donner un aperçu de la diversité de la France. Et comment classer toutes ces richesses ? Par époque, par étoile, par catégorie ? En accordant délibérément autant d'impor- tance au détail d'une falaise que d'un château, nous éliminions tout classement. Aussi, avons-nous finalement opté pour une souple promenade géographique et le hasard nous a semblé propice : à la pointe ouest, Carnac, site sur lequel les historiens s'interrogent encore, nous a semblé un début logique. Après, nous avons suivi les frontières de l'Hexagone, au hasard de certains détours, pour finir dans le cœur même de la cité de l'Ile-de-France, la plus vieille région de l'histoire de la Couronne.

Et sur chaque site retenu, que dire en quelques lignes ? Nous voulons avant tout, là encore, lever un éventuel malentendu. Chartres, pour cela, nous semble le cas le plus explicite. La renom- mée de la cathédrale est si grande que deux pages étaient déjà bien courtes pour tenter de présenter ce monument tant admiré et qui servit tant de fois de « grande sœur ». Aussi, avons-nous limité notre texte à l'édifice lui-même, laissant dans l'ombre les rues du Vieux Chartres qui, grâce au talent des architectes qui les ont restaurées, présentent de très belles façades du Moyen Age ou de la Renaissance le long des rues remarquablement pavées. Sur un autre registre, nous aurions pu évoquer aussi le Musée des Beaux-Arts riche des célèbres « Douze émaux » et d'une collection de pâtes de verre contemporaines, la maison du Picassiette ou, simplement, l'atmosphère souriante du centre de Chartres depuis qu'il est réservé aux piétons, à moins que nous ne racontions l'his- toire de cette Beauce si prospère et fière d'être le « grenier à blé » de la France, ou que nous ne fassions un détour du côté d'Illiers-Combray dans la maison-musée de Marcel Proust.

Mais, dans cet ouvrage, nous nous sommes efforcés de suivre deux fils directeurs, indissociables mais souvent négligés pour avoir été longtemps les parents pauvres de l'enseignement : l'histoire et la géographie. Plus nous avancions dans nos recherches, plus leur association nous semblait essentielle pour sentir une région, une ville, un monument, car si chaque contrée revendique une autonomie et un art qui lui sont propres, cela tient avant tout à sa configuration naturelle.

Lyon est une ville de négoce, les Romains l'avaient très vite sentie comme telle, la raison tient simplement à ses deux voies navigables qui la mettent en contact tant avec la Méditerranée qu'a- vec les rives de l'ancienne Germanie. La petite ville de Biarritz devient la première cité balnéaire proche du pouvoir ? L'explication est simple : une comtesse venue de l'Espagne, très proche, découvre avec sa fille les charmes de cette côte, la jeune fille devenue impératrice des Français y entraîne à son tour son impérial époux et son entourage.

L'Ile-de-France regorge de châteaux royaux ? Jadis, les trajets étaient difficiles, dangereux et pour couvrir de courtes distances, les diligences et les carrosses mettaient de longues journées et le roi ne pouvait rester longtemps inactif à suivre le bon vouloir de ses chevaux. Aussi les châteaux royaux sont-ils relativement proches de Paris.

Dans la carte des sites évoqués, sans doute avez-vous remarqué un grand absent, le Centre, mais le but de notre ouvrage étant d'illustrer les diversités de la France, le cœur même de l'Hexa- gone, tout en nuances, péchait par excès d'harmonie. Il eût fallu avancer point par point pour faire ressortir comment d'une ville ou d'un village à l'autre, l'architecture et les teintes évoluent progressivement et, comment, finalement du nord du Berry au sud de l'Auvergne, sans s'en aperce- voir, le promeneur ressent l'impression d'avoir changé de pays.

Pour ce parcours tout en nuances, nous vous proposons de vous retrouver dans un autre volume.

CARNAC

La signification des menhirs reste inconnue. On suppose que les alignements sont les restes de monuments plus complexes consacrés à un culte solaire ou lunaire. Certains attribuent aux menhirs situés à proximité de dolmens le rôle de substituts du corps des défunts, que les âmes venaient habiter après la mort. On pense à la croyance égyptienne de l'âme venant animer la statue du ka.

Carnac, haut-lieu touristique du Morbihan, était très certainement dans la préhistoire un important centre religieux et cérémonial. Les préhistoriens s'interrogent encore sur la mystérieuse civilisation qui a dressé des mégalithes tout au long des côtes occidentales de l'Europe, depuis l'Espagne et le Portugal jusqu'au Danemark et à la Suède, en passant par la France, les Pays-Bas, l'Angleterre, l'Irlande. Qui étaient donc ces premiers agriculteurs européens capables, dès le Ve millénaire avant J.-C., d'ériger des blocs de pierre de trois cents tonnes et de soulever des tables de cent tonnes ? Nous ignorons presque tout d'eux mais nous supposons qu'ils avaient une organisation sociale bien structurée, avec un corps sacerdotal important, et certaines connaissances astronomiques.

Le complexe mégalithique de Carnac comprend trois types de monuments : les menhirs (en bas breton : pierres longues) ; les cromlechs (lieux courbes) qui sont des ensembles de menhirs disposés en demi-cercle ou en cercle, et les dolmens (tables de pierre). A l'origine tous les dolmens étaient recouverts par des tumulus, ou buttes de terre mêlée de pierres. Le nom même de Carnac est issu du mot "cairn" qui signifie tumulus en pierres sèches.

Les alignements de Carnac s'étendent sur quatre kilomètres et comptent 2934 menhirs répartis en trois groupes distants les uns des autres d'environ quatre cents mètres : les alignements du Menec, de Kermario et de Kerlescan. On pense qu'originellement le complexe couvrait une distance de huit kilomètres. Chaque alignement débute soit par un cromlech soit par un dolmen isolé. Il comporte des rangées parallèles de menhirs de taille décroissante orientées sur les levers d'équinoxe pour Kerlescan, sur le solstice d'été pour Kermario et sur les levers intermédiaires pour Menec.

Les alignements du Menec, les plus importants, mesurent 1167 mètres de long sur 110 mètres de large. Ils comptent 1099 menhirs de soixante centimètres à quatre mètres de haut répartis sur onze lignes parallèles, auxquels s'ajoute un cromlech de 70 menhirs. Non loin se trouve le tumulus Saint-Michel, long de 120 mètres et haut de 12 mètres, qui comprend plusieurs chambres funéraires. A proximité des alignements de Kermario se dresse le tumulus de Kercado recouvrant un beau dolmen.

La construction de chambres funéraires de granit dénote chez ce peuple du néolithique le souci d'assurer aux défunts une demeure durable, "éternelle" et implique un important culte des morts avec cérémonies et offrandes. Les parois de nombreux dolmens portent des dessins de personnages stylisés représentant probablement les ancêtres.

Le dolmen le plus célèbre est la Table des Marchands à Locmariaquer, situé à douze kilomètres de Carnac, qui comporte trois tables et dix-sept supports. L'un d'eux est décoré de dessins représentant des épis de blés mûris par le soleil. On aperçoit les restes du tumulus de 36 mètres de diamètre qui recouvrait le dolmen.

Le tumulus élevé sur l'île de Gavrinis, dans le golfe du Morbihan, est particulièrement intéressant. Bâti en pierres sèches et en terre, il comprend une galerie couverte, formée de neuf tables posées sur des supports sculptés, menant à la chambre funéraire faite d'une dalle de granit reposant sur des piliers sculptés.

A Locmariaquer se trouve un immense menhir, brisé en cinq morceaux, qui mesurait à l'origine 23 mètres de haut et qui passe pour être le jalon central d'un ensemble religieux complexe constituant une sorte de centre du monde.

RENNES

Fondée par les Celtes, colonisée par les Romains, Rennes, grâce à sa situation (elle est au cœur d'un bassin fertile qui draine les eaux de l'Ille et de la Vilaine), fut très vite un important centre de communication. Cet avantage devint faiblesse lors des grandes invasions : pour se protéger, Rennes s'entoura d'une épaisse muraille de briques et de galets qui subsista jusqu'au XVe siècle et laissa à Rennes le surnom de "Ville Rouge".

Les relations entre Rennes et le roi de France n'ont jamais cessé d'être fluctuantes. A la fin du Ve siècle, en la personne de saint Mélaine, conseiller du roi Clovis, la ville est une place forte des Francs contre les Bretons. Au Xe siècle, les comtes de Rennes, vaillants défenseurs de la Bretagne envahie par les Normands, prirent le titre de comtes de Bretagne puis, de ducs. Même si, par la suite, les ducs de Bretagne préférèrent habiter Nantes, ils gardèrent la coutume de se faire couronner à Rennes : après avoir passé la nuit dans l'abbaye de Saint-Mélaine, située, à l'époque, hors des murs, ils faisaient leur entrée solennelle par la petite porte Mordelaise, puis prêtaient serment et se faisaient couronner dans la grande cathédrale (qui s'effondra au XVIIIe siècle et fut reconstruite et achevée en 1844).

Du Guesclin remporta à Rennes son premier tournoi à dix-sept ans, et revint plusieurs fois comme chef de guerre lors des luttes entre Charles de Blois et Jean de Montfort.

La fin de l'indépendance de la Bretagne fut marquée du signe de la violence et de l'amour : en août 1491, Charles VIII fait le siège de Rennes dans laquelle Anne, dernière duchesse de la Bretagne libre, tente de se protéger de cet impérieux prétendant. Elle dut se rendre pour épargner la ville : "Elle vit Charles VIII. Ils ne se déplurent pas", raconte Dupouy. Mariage politique qui devint, dit-on, mariage d'amour.

Cette annexion profite à Rennes qui reçoit le Parlement de Bretagne. Pendant la Ligue, le Parlement reste fidèle puis une longue série de conflits ne cessa de l'opposer au roi.

En 1675, Colbert institua une augmentation des taxes sur le papier timbré, la vaisselle d'étain et le tabac. La révolte gronde à Rennes, puis aux alentours. Cette "guerre du papier timbré" racontée par Madame de Sévigné, entraîna une répression qui fit de nombreux morts. Le Parlement fut exilé à Vannes.

Le 22 décembre 1720, un incendie ravage la ville, à l'exception du quartier de la cathédrale, qui conserve ses vieilles maisons à pans de bois et à cariatides. Les nouveaux quartiers, sur les plans de Jacques-Ange Gabriel, ont de longues rues rectilignes à angle droit, bordées de maisons de granit.

En 1762, nouveau conflit : le procureur général La Chalotais fait voter par le Parlement, plutôt janséniste, la dissolution de l'ordre jésuite. Louis XV réplique en exilant trois conseillers. Le parlement de Rennes doit démissionner mais celui de Paris le soutient et empêche le roi de trop sévir.

Cet épisode préfigure l'adhésion de Rennes à la Révolution. La ville est en effet le quartier général de Hoche lors de la guerre de Vendée, et elle évite les méfaits de la Terreur grâce à son maire Leperdit, qui s'oppose courageusement à Carrier, représentant féroce de la Convention à Rennes.

L'Empire rend à la ville ses prérogatives de capitale. Aujourd'hui, Rennes, chef-lieu de la région, connaît une extraordinaire expansion. Cet essor est dû à la récente vocation industrielle de cette ville traditionnellement administrative et universitaire. La population étudiante, nombreuse, donne à la vie culturelle rennaise une animation particulière.

LA RUE SAINT-SAUVEUR

En 1720, un menuisier ivre provoque un incendie gigantesque qui fait disparaître la plupart des habitations de la vieille ville gothique. Cependant, à l'ombre de la cathédrale, le long de la rue Saint-Sauveur, un quartier épargné du vieux Rennes, conserve encore des maisons en bois des XVe et XVIe siècles aux étages à encorbellement et des hôtels particuliers aux charmantes façades sculptées.

MONT-SAINT-MICHEL

Le Mont-Saint-Michel est, avec Paris et Versailles, l'un des sites français les plus fréquentés par les touristes. Ce rocher de granit de 80 mètres de haut et de 900 mètres de tour se dresse dans une baie en partie comblée par des sables mouvants, à la frontière de la Normandie et de la Bretagne. L'îlot est relié à la côte par une digue. Dans la baie, l'amplitude des marées est très importante et la rapidité du flot est telle qu'on la compare à la vitesse d'un cheval au galop.

Ce rocher, parfois appelé la "Merveille de l'Occident" en raison de ce site grandiose et des monuments qui y furent élevés, est, depuis la nuit des temps, un lieu sacré. L'endroit était déjà dédié aux dieux gaulois. Son nom primitif, le "Mont Tombe", semble en faire la sépulture de ces dieux, qui seraient destinés à renaître. La tradition peuple l'îlot de druidesses qui y auraient enseigné à des adolescents l'art d'apaiser les tempêtes.

C'est au VIIIe siècle que le mont fut consacré à l'archange Saint Michel. Celui-ci serait apparu à Aubert, évêque d'Avranches, et lui aurait inspiré la création d'un oratoire au sommet du rocher, oratoire bientôt remplacé par une abbaye carolingienne.

Le bourg se forma au IXe siècle pour résister aux invasions normandes. C'est le chef des Normands qui, converti et reconnu comme duc de Normandie, installa sur le mont des moines bénédictins.

Entre 1017 et 1144, on construisit sur l'abbaye carolingienne, qui devint la crypte, nommée Notre-Dame-sous-Terre, une église romane, flanquée d'un couvent sur le flanc ouest du mont. Le XIIe siècle fut une grande époque pour le Mont-Saint-Michel qui devint une véritable "cité des livres", avec sa riche bibliothèque dont les manuscrits étaient copiés et enluminés par les moines.

Entre le XIIIe et le XVIe siècle fut bâtie l'abbaye gothique. En 1203, Philippe Auguste, qui voulait reprendre la Normandie, fit assiéger le mont. L'assaut, repoussé, se solda par un incendie. Les moines furent dédommagés par une importante somme d'or, qu'ils employèrent à la construction de la "Merveille", entre 1211 et 1228. Ce nom désigne un ensemble de bâtiments gothiques se dressant sur la face nord et comprenant l'aumônerie, le réfectoire, la salle des Hôtes, le cellier, le cloître et la salle des Chevaliers. L'aspect extérieur de la Merveille est celui d'une forteresse mais l'architecture des salles est légère et élégante. Ces bâtiments étaient destinés aux moines mais aussi aux pèlerins et aux visiteurs de marque. Le Mont-Saint-Michel était alors un haut lieu de pèlerinage. Pendant la guerre de Cent Ans il se trouvait en terrain anglais mais les fidèles continuèrent à y affluer, munis de sauf-conduits. Ils étaient hébergés à l'aumônerie. Le cloître est remarquable par la finesse et la grâce de ses arcades et le réfectoire par sa lumière tamisée, diffusée par des ouvertures hautes et étroites.

Les bâtiments abbatiaux destinés au logement de l'abbé, à l'administration et à la garnison furent élevés entre le XIIIe et le XVe siècle. Le Châtelet et les défenses avancées qui protègent l'entrée de l'abbaye datent du XIVe siècle. Le chœur de l'église qui s'était écroulé, fut refait en gothique, la nef restant romane. En 1469, l'abbaye devint le siège de l'ordre militaire de Saint Michel créé par Louis XI.

Puis ce fut le déclin et, après la Révolution, l'abbaye fut même transformée en prison.

Aujourd'hui le Mont-Saint-Michel attire à nouveau une foule de visiteurs, la Grande-Rue est redevenue, comme au Moyen Age, le fief des marchands de souvenirs, et, depuis 1966, quelques moines bénédictins occupent l'abbaye.

LE MONT-SAINT-MICHEL

L'îlot que nous voyons au fond abritait, jadis, un château aménagé par Nicolas Fouquet. Autrefois, les pèlerins franchissaient à pied la redoutable baie que la marée remonte, dit-on, à la vitesse d'un cheval au galop. Nombreux furent les malheureux qui se laissèrent surprendre : le Musée de cire apporte un témoignage poignant des noyades et des enlisements qui survinrent et valurent à l'îlot l'appellation de Saint-Michel-au-Péril-de-la-Mer.

LE CHÂTEAU D'O

Au cœur du pays d'Argentan, lui-même sis au centre de la Basse Normandie, le château d'O propose un superbe exemple des fastes de la première Renaissance. Mais son histoire et certains de ses bâtiments remontent à une époque beaucoup plus lointaine. La famille d'O est une très ancienne famille de Normandie. L'un de ses premiers ancêtres s'illustra aux côtés du duc de Normandie, Robert le Magnifique.

Au XIe siècle, la personnalité des ducs de Normandie s'affirme de façon étonnante. C'est le siècle d'or de l'histoire normande. Les conquêtes de Rollon puis de Guillaume Longue-Epée étendent considérablement le pouvoir du duché. L'armée, réorganisée, acquiert une puissance considérable et parallèlement se développe un très fort courant religieux.

Robert le Magnifique, père de Guillaume le Conquérant, avant même la première croisade, part combattre les Infidèles en Terre Sainte mais il meurt à Nicée.

A la fin du XVe siècle, un autre O célèbre, Jean Ier, chambellan du roi Charles VIII, reconstruisit le bâtiment, ne conservant du château d'origine que les douves et le terre-plein central. Il fit élever à gauche du portail d'entrée un corps de bâtiment de style gothique tardif et quelque peu "baroque". Arcatures, clochetons, pinâcles, dentelles de pierre fleurissent ainsi sur une partie de la façade. Son fils poursuivit les travaux sous le règne de Louis XII. Puis sous François Ier, Jean II, grand sénéchal de Normandie, troisième de la génération des O bâtisseurs, donne une impulsion nouvelle à la demeure familiale : O devient un superbe édifice Renaissance.

On notera à ce propos l'origine anecdotique de très nombreux châteaux de style Renaissance en Normandie. L'initiative en revint au cardinal Georges d'Amboise qui, à son retour d'Italie où il avait accompagné Louis XII, fit du château de Gaillon accordé à l'archevêché de Rouen par Philippe Auguste le premier modèle de constructions italiennes en Normandie. Les notables de l'opulente cité rouennaise suivirent leur prélat et Rouen devint un exemple de cité Renaissance.

Et cette vogue prit très vite parmi les châtelains des alentours. Ces nouvelles constructions se caractérisent avant tout par leur esprit d'ouverture. Si de nombreuses fermes restent des bâtiments fortifiés, les châtelains renoncent aux donjons et aux fortifications, et la mode est désormais à la verdure des jardins qui mènent à un bâtiment classique, symétrique, à l'intérieur duquel on laisse libre cours au raffinement et à l'exubérance du goût italien.

Mais la Renaissance s'est cependant souvent greffée sur des constructions déjà existantes, d'où la persistance d'éléments défensifs. Le château d'O connut son apothéose avec le membre le plus illustre de la famille, François, mais ce seigneur fut de loin le plus controversé.

Son père, Jean II, lui avait légué un bâtiment agrandi d'une aile en longueur dotée à l'intérieur d'une superbe galerie conçue suivant le modèle du château de Blois. François, surintendant des Finances et mignon d'Henri III, y mena une existence si fastueuse qu'elle scandalisa ses contemporains pourtant habitués aux excentricités de la Cour.

Sully, dans ses mémoires, évoque les excès de ce seigneur efféminé mais il relate aussi sa triste fin : le précieux et dispendieux surintendant des Finances fut dans sa chambre mortuaire abandonné par les siens "qu'il avait toujours fort affectionnés", avant de l'être par les médecins. A sa mort, le château fut vendu pour payer ses créanciers.

LE BEC-HELLOUIN

Cette abbaye ne fut rendue à sa vocation monastique qu'en 1948 après avoir été fermée à l'époque de la Révolution. Mais pour comprendre le rayonnement qu'eut jadis le Bec-Hellouin, il n'est pas inutile de revoir brièvement l'histoire de la Normandie.

Au VIIIe siècle, la surpopulation de l'actuelle Scandinavie poussait les habitants à prendre la mer et à se transformer en pillards. Ils atteignent aussi bien la mer Noire que nos côtes de la Manche. Redoutables envahisseurs, ils firent même le siège de Paris en 885. Le roi dut acheter chèrement leur paix et l'on dit même qu'il leur concéda le pillage de la Bourgogne.

Au début du Moyen Age, nul ne contestait la puissance de la Normandie. En 911, par le traité de Saint-Clair-sur-Epte, Charles le Simple accorde définitivement aux Normands la reconnaissance de leur autorité sur la région qu'ils ont élue. Les ducs de Normandie se révèlent les seuls à savoir parfaitement contrôler leurs vassaux. Deux raisons à ce phénomène : la mise en place d'un Etat centralisé et l'appui d'un clergé puissant . A l'époque, les érudits sont essentiellement les moines, car ils sont pratiquement les seuls à maîtriser la lecture et l'écriture. Les communautés religieuses représentent ainsi avant tout une puissance intellectuelle ; leur rayonnement est indéniable.

L'histoire anecdotique de la fondation du Bec-Hellouin paraît, dans le contexte de cette région puissante, beaucoup moins surprenante.

Aux alentours de 1035, un chevalier, Hellouin, décide de quitter le monde actif pour se consacrer à Dieu. Il en demande l'autorisation à son seigneur, le comte de Brionne, et bientôt neuf autres anachorètes se joignent à lui pour fonder une petite communauté religieuse.

La première abbaye du Bec voit ainsi le jour... mais non pas la dernière. Implantés sur le territoire de Bonneville, les moines du Bec abandonnent très vite ce premier édifice, probablement en bois, par manque d'eau. Ils s'installent alors près de Pont-Authou mais le destin les chasse à nouveau, cette fois en raison des inondations trop fréquentes résultant des débordements de la Risle. C'est ainsi que la communauté religieuse s'implante définitivement sur l'emplacement actuel du monastère.

En 1042, un italien érudit, moine et éminent juriste, Lanfranc, venu enseigner à Avranches, lui propose de se joindre à lui. Hellouin est ravi des connaissances de son hôte et lui demande bientôt de poursuivre son œuvre didactique. Lors du siège de Brionne, le futur Guillaume le Conquérant écoute avec intérêt Lanfranc qui devient bientôt son conseiller. Il le charge d'aller à Rome réhabiliter la Normandie que son mariage avec sa lointaine cousine Mathilde de Flandre a mis au ban de la papauté. La mission est couronnée de succès. A son retour, l'abbaye du Bec rayonne de l'enseignement de Lanfranc. Il a bientôt pour élève Anselme de Lucques, le futur pape Alexandre II. En guise de pénitence, Guillaume doit élever une autre abbaye, ce sera l'abbaye aux Hommes, à Caen, tandis que Mathilde fonde l'abbaye aux Dames.

Puis, Guillaume conquiert l'Angleterre et nomme, en 1070, Lanfranc archevêque de Canterbury.

Un autre Anselme, originaire d'Aoste, décide également de quitter sa riche famille pour rejoindre le Bec. A la mort d'Hellouin, il dirige le Bec et devient par la suite également archevêque de Canterbury avant de devenir saint Anselme.

Le prestige des moines du Bec atteint ainsi son apogée et une renommée internationale comme foyer intellectuel de la chrétienté.

ÉTRETAT

Jusqu'au milieu du XIXe siècle, Etretat, au débouché de l'ancienne voie gallo-romaine qui venait de Lillebonne, est demeurée une tranquille bourgade de pêcheurs. A cette date, elle commença à attirer bon nombre de peintres et d'écrivains : Maupassant y consacra quelques lignes dans ses romans *Une vie* et *Miss Harriett* et Maurice Leblanc imagina creuse la célèbre aiguille dans une aventure d'Arsène Lupin. Le flux violent de la mer se brisant contre le roc, l'architecture fantastique du lieu, les lumières ondoyantes ont séduit Delacroix, Boudin, Corot, Matisse même.

Devenue station à la mode, Etretat vit ainsi disparaître les caloges, ces vieilles barques couvertes de chaume, au profit des chaises longues et des cabines de bain. Les touristes anglais au début du siècle traversaient la Manche pour venir admirer les couchers de soleil normands.

La mer, dans un périmètre aussi étroit, a fait un travail de forage qui semble dirigé : pareille érosion n'existe que là, dans ces quinze cents mètres de côtes. Pour le promeneur venu goûter le calme de la digue qui borde la plage de galets, la vue est vertigineuse de part et d'autre : à droite se dresse la falaise d'Amont ; à gauche celle d'Aval.

La première (80 mètres d'altitude) porte une chapelle que les marins ont dédiée à Notre-Dame-de-la-Garde, qui fut détruite en 1944 et reconstruite en 1950. Au-dessous s'étend une longue plage de galets, fermée par la falaise d'Aval et par l'Aiguille. En arrière s'élève un monument à la mémoire de Nungesser et Coli. Ces deux aviateurs furent les premiers à tenter le raid transatlantique Paris-New York, mais leur avion, aperçu pour la dernière fois en ce lieu le 8 mai 1927, disparut en mer. Costes et Bellonte devaient réussir ce vol trois ans plus tard, en septembre 1930. De l'ancien monument, détruit en 1944, il·ne reste que le socle figurant l'avion "l'Oiseau blanc".

La vue depuis la falaise débouche à droite sur la côte en direction de Bénouville. Le sentier taillé dans le roc conduit à une plate-forme creusée dans l'anfractuosité du Banc-à-Cuves. Tout près se trouve la grande arcade naturelle de la porte d'Amont sous laquelle on ne passe jamais à pied sec. A droite, on aperçoit en mer le "trou à Romain," en face de la Roche Vaudière, où un déserteur se réfugia en 1813. Gracié l'année suivante, il revint dix ans plus tard pour se précipiter dans les flots.

En longeant le bord de la falaise on arrive jusqu'à la grotte dite Chambre des Demoiselles, creusée dans la partie de l'ensemble constitué par la crête de la porte d'Aval, arcade rocheuse parfaitement découpée. Seul un sentier pratiqué entre deux abîmes y donne accès. Jadis, quand le village d'Etretat appartenait au domaine des chevaliers de Tréfossé, l'un de ces derniers avait l'habitude d'abuser de toute femme qu'il rencontrait. Trois jeunes filles qui avaient essayé de lui résister furent précipitées du haut de la falaise dans des tonneaux garnis de clous. Dès lors les pêcheurs virent souvent trois ombres se promenant à l'endroit de la grotte. Le mauvais chevalier mourut de remords et depuis plus personne n'entend les chants plaintifs des demoiselles.

Le sentier qui borde la falaise conduit à la splendide arcade gothique de la porte d'Aval, face à l'obélisque naturel que constitue l'aiguille d'Etretat (71 mètres d'altitude).

De là on aperçoit la crique du Petit-Port et la Manne Porte dont l'arche (90 mètres) dépasse encore en puissance celle de la porte d'Aval. Une seconde crique est fermée par la pointe de la Courtine. On distingue plus loin le phare d'Antifer.

LILLE

La première mention écrite de la ville de Lille remonte à 1066, lorsque le comte de Flandre, Baudouin V, accorde une charte à la collégiale Saint-Pierre. Mais son existence est antérieure, puisque les premiers habitants de la bourgade s'installent, dès le début du XIe siècle, de part et d'autre de la Deûle : ils élèvent un château fortifié sur la rive gauche et organisent le petit village de Fins sur la rive droite.

Enserrée entre les deux bras de la Deûle, Lille, ortographiée l'Isle jusqu'au XVIIIe siècle, possède une situation géographique privilégiée puisqu'elle sert de passage routier et de tête de navigation fluviale.

Possession directe des comtes de Flandre, elle a de tout temps été convoitée par les Français. Prise par Philippe Auguste en 1213, elle fut détruite après la bataille de Bouvines opposant le roi de France à Otton de Brunswick allié au comte de Flandre. La ville fut reconstruite par "la bonne comtesse", Jeanne de Constantinople. A nouveau assiégée par Philippe le Bel en 1297, elle participa activement à la révolte des Flamands contre la France et se délivra de l'influence française à la bataille de Courtrai en 1302. Cependant, dès 1312, un traité rendit à la France les villes de Douai, Orchies et Lille, qui retrouva ainsi sa prospérité.

C'est alors que commence la brillante période "bourguignonne". Charles V avait offert Lille à Louis de Mâle, comte de Flandre, qui donna sa fille en mariage à Philippe le Hardi, duc de Bourgogne. Pendant plus de cent ans, les comtes de Flandre, également ducs de Bourgogne, firent de Lille une cité particulièrement prospère. La fête donnée à l'occasion de la célébration des premiers chapitres de la Toison d'Or en est le meilleur exemple.

Au XVIe siècle, Lille s'agrandit. Elle créa des corporations, construisit une nouvelle enceinte et se dota même d'une Bourse en 1652.

Lors de la guerre de Dévolution, Louis XIV, parti à la conquête de la Flandre, occupa Lille pendant neuf jours. Les troubles qui suivirent se soldèrent par la signature du traité d'Utrecht en 1713 qui stipulait l'appartenance de Lille à la France. Mais, en 1792, Lille fut à nouveau assiégée par une horde d'Autrichiens qui bombardèrent la ville pendant dix jours. Devant l'héroïque résistance de la population, ils finirent par se réfugier à Tournai et Lille gagna en prestige ce qu'elle avait perdu en hommes. L'Empire la baptisa alors chef-lieu de département.

L'histoire tourmentée de Lille, sujette à de nombreuses guerres, n'a pas favorisé la conservation de la ville ancienne. Cependant, de nombreux monuments témoignent encore de sa splendeur passée. Sur l'emplacement de la collégiale Saint-Pierre, une crypte du XIIe siècle a été récemment mise à jour. Des quatre églises paroissiales construites pendant le Moyen Age, il n'en reste plus que deux (Saint-Maurice et Sainte-Catherine) considérablement retouchées depuis le XVIIe siècle. Des édifices monastiques du XVe siècle, seules les salles des malades des hospices Comtesse et Ganthois nous sont parvenues intactes. A quelques mètres de l'ancienne Bourse, édifice caractéristique de l'architecture flamande du XVIIe siècle, se dresse le Palais Rihour, résidence des ducs de Bourgogne. Mais l'orgueil de Lille reste sa citadelle, sorte de cité dans la ville. Edifiée entre le bois de Boulogne et le bois de la Deûle par Vauban, en 1667. Enfin, au cœur de Lille, le Palais des Beaux-Arts, construit au XIXe siècle, abrite des collections de peinture étonnantes allant des primitifs flamands aux impressionnistes. Aujourd'hui, la métropole lilloise, étendues sur de nombreuses agglomérations, draine toute l'activité économique du nord de la France.

LA NOUVELLE BOURSE

Le beffroi caractérise les villes du Nord comme les places ombragées celles du Sud. Cette construction servait jadis de poste d'observation et de tour de guet : c'est de là que l'on sonnait l'alarme pour rassembler les citoyens contre l'envahisseur. La silhouette familière du beffroi de Lille domine la Nouvelle Bourse. A côté, le théâtre, centre actif de la vie artistique lilloise.

NANCY

Le désastre de Sedan en 1870 permit à l'Allemagne d'étendre son empire jusqu'à l'Alsace et la Lorraine. En réaction, se développa la notion "d'enracinement". Maurice Barrès, élu député boulangiste de Nancy à vingt-sept ans, s'en fit le chantre. Quelques années plus tard, André Gide répondait à l'auteur des *Déracinés* : "Né d'un père uzétien et d'une mère normande, où voulez-vous, Monsieur Barrès, que je m'enracine ?"

Et, en fait, l'histoire et l'architecture de Nancy présentent de nombreuses analogies avec des principes contradictoires, des ambiguïtés qui, finalement, cohabitent fort bien. La place Stanislas pourrait à elle seule symboliser les nombreuses ambiguïtés qui animent la capitale de la Lorraine : des façades militaires, rectilignes, strictes, superbes, "cassées" dans les pans coupés par des grilles de fer forgé rehaussé d'or où trônent Neptune et Amphitrite réconciliés.

Il y eut d'abord les Celtes puis les Romains qui repoussèrent les Barbares mais leurs descendants durent accepter les Alamans, Clovis remporta sur eux la victoire de Tolbiac en 496 ; ils acceptèrent la suzeraineté franque qui leur permit de fonder le duché d'Alémanie mais, au VIIIe siècle, Charles Martel supprima leur duché.

En 843, le traité de Verdun fixait un nouveau partage des frontières et, onze siècles plus tard, ses conséquences se feront encore sentir.

Le traité partageait l'Empire d'Occident entre les fils de Louis le Pieux : l'Est du Rhin, la Germanie, échouait à Louis le Germanique, l'Ouest du Rhône, de la Saône, de la Meuse et de l'Escaut revenait à Charles le Chauve ; Lothaire se voyait attribuer les territoires allant du golfe de Sarente à la mer du Nord : il recevait ainsi deux capitales : Rome et Aix-la-Chapelle. Son fils Lothaire II ne put conserver l'intégralité de l'Empire et l'on créa pour lui le royaume de Lotharingie qui s'étendait de la Frise aux Vosges. La Lotharingie (Lothari regnum) allait devenir la Lorraine.

Au XIe siècle, Gérard d'Alsace, à qui l'on doit la création du duché héréditaire de Lorraine, choisit Nancy comme capitale : il fait bâtir un château fort entre deux bras de la Meurthe. Nancy est alors une bourgade mais elle possède l'avantage d'être au centre de ses terres.

Au XIIIe siècle, la petite cité est détruite par un incendie. Un siècle plus tard, on la reconstruit et l'on édifie une enceinte. Malgré l'enceinte, en 1475, Charles le Téméraire, que la situation de la Lorraine constituant une enclave entre ses terres de Flandre et celles de Bourgogne, gênait, fort d'avoir réussi à emprisonner un temps le roi de France à Péronne, s'attaque à René de Lorraine. Ce dernier dut céder Nancy en 1475, mais l'année suivante, Charles le Téméraire doit restituer la ville. Les Suisses ont pris le parti de René de Lorraine. Quand Charles, vexé, réattaque, son armée, désertée par beaucoup, subit un échec cuisant et le 6 janvier 1477, on retrouve le corps du grand duc d'Occident aux alentours de Nancy. La capitale de la Lorraine a eu raison du terrible duc. Louis XI annexe la Bourgogne et rétablit René dans toutes ses fonctions. Le duc de Lorraine entreprend la construction d'un nouveau palais. Un siècle plus tard, Charles III aménage une Ville Neuve au sud de la capitale traditionnelle. Et Nancy se couvre de monastères qui lui permettent une forte influence religieuse. Mais la guerre de Trente Ans fait des ravages et Nancy tombe en ruines. Une fois les troubles passés, Léopold reconstruit Nancy en mettant l'accent sur la construction de superbes hôtels.

Mais le véritable "père" de Nancy est Stanislas Leszczynski, roi détrôné de

Pologne et beau-père de Louis XV. Le duc François III a échangé son duché de Lorraine contre celui de Toscane, Louis XV peut donc installer à Nancy son beau-père détrôné. A sa mort, la Lorraine reviendra ainsi naturellement à la France. Entre-temps, Stanislas, pendant vingt-huit ans de règne aura fait de Nancy l'une des plus belles villes d'Europe. Il agit en souverain éclairé, esthète, ami des arts et des lettres. L'aménagement de Nancy le passionne. Il sait trouver les meilleurs artistes de son époque. Emmanuel Héré élève les superbes hôtels de la place Stanislas que Jean Lacour anime de ses somptueuses grilles. Nancy devient le symbole de l'architecture du XVIIIe siècle. Son prestige augmente considérablement et elle devient un très important centre scientifique et littéraire.

Sous le règne de Stanislas, Nancy est une ville brillante, presque somptueuse. Bien sûr, la présence d'un roi, même s'il est en exil, peut favoriser l'existence d'un environnement brillant, mais tous les rois en exil ne révèlent pas des qualités exceptionnelles. Stanislas Leszczynski, se révéla un chef particulièrement éclairé puisqu'il poussa la délicatesse jusqu'à se faire construire une sépulture distincte de celle des authentiques ducs de Lorraine, mais les Révolutionnaires n'épargnèrent pas sa tombe.

Au centre de Nancy deux époques cohabitent donc, le Vieux Nancy des ducs de Lorraine avec le Palais ducal et les rues médiévales aux larges pierres et le Nancy de Stanislas avec ses superbes hôtels rectilignes et ses rues claires et droites. Ces constructions font d'ailleurs de Nancy la seule ville française qui évoque Innsbruck ou d'autres villes autrichiennes. Stanislas n'était pas qu'un bâtisseur, il sut également faire de Nancy une capitale intellectuelle et scientifique. Et l'on doit également à celui que l'on surnomma "le bienfaisant" ou "le philosophe bienfaisant" d'avoir, avec beaucoup de diplomatie, préparé les Lorrains à devenir des sujets français.

Le Nancy architectural de Stanislas est celui, bien sûr, de la place Stanislas, de l'Arc de Triomphe élevé en l'honneur de Louis XV d'après les plans de celui de Septime Sévère à Rome. On lui doit également la réfection de la place de la Carrière, construite par les ducs de Lorraine mais que Héré transforma avec des superbes hôtels auxquels les grilles de Lacour apportent la fantaisie et la richesse de leurs dorures. Par la suite, Nancy souffrit de sa situation géographique et, entre la défaite de Sedan et la Première Guerre mondiale, elle dut agrandir son territoire pour accueillir les réfugiés. L'accroissement de sa population donna un nouvel essor à la ville. Aujourd'hui, Nancy avec presque 100 000 habitants intra-muros et plus de 250 000 avec sa banlieue, joue un rôle économique et industriel très important.

Si nous avons parlé des contrastes de Nancy, c'est que cette ville nous a semblé exceptionnellement riche sur ce point. Elle est d'abord à la frontière de l'Europe continentale, avec des hivers rigoureux et des étés très chauds, avec l'apparence stricte de ses façades impeccables qui contrastent fortement avec la chaleur des intérieurs. Et si, au XVIIIe siècle, le talent classique de ses architectes lui confère une renommée mondiale, au siècle suivant, un de ses enfants, Emile Gallé, allait également atteindre à une gloire internationale grâce à la virtuosité de ses œuvres de verrier. Il ouvrit une école où il enseigna des techniques nouvelles dont les œuvres aujourd'hui font la joie des salles des ventes.

Passionné de botanique et d'ethnologie, il travailla le verre en virtuose, jouant de la transparence et de l'opacité selon une méthode révolutionnaire ; on le considère d'ailleurs comme l'un des pères de l'art nouveau. Avec une optique contraire à celle de Héré, il mania la couleur et les rondeurs.

Nancy fut également la patrie des Goncourt, de Grandville, de Jacques Callot, d'Isabey, de Liautey, de Poincaré et de beaucoup d'autres encore, autant de talents dans des genres très différents.

LA PLACE STANISLAS

Vaste rectangle de 124 mètres sur 106 mètres, la place Stanislas constitue une des plus belles réussites d'architecture urbaine. L'architecte Héré a conçu d'élégantes façades sobres et harmonieuses en pierre claire tandis que le sculpteur Jean Lamour imaginait de superbes grilles de fer forgé noir rehaussé de nombreux motifs dorés. Les fontaines de Neptune et Amphitrite, le dieu des flots, mari volage mais ici en compagnie de sa femme, sont l'œuvre du sculpteur Guidal.

STRASBOURG

LA VILLE

Au cœur même de la ville de Strasbourg, se dresse la cathédrale Notre-Dame, mélange subtil de roman et de gothique. Commencée en 1015, la construction ne s'achève définitivement qu'au XVe siècle, mais cette juxtaposition de styles ne porte aucun préjudice à la beauté de l'édifice. A quelques centaines de mètres, à l'endroit même où l'Ill se divise en deux bras, un quartier très pittoresque réservé aux pêcheurs a conservé son cachet d'antan. Ici, on traverse le fleuve par les fameux ponts-couverts, qui ne le sont plus, mais qui s'intègrent de façon étonnante au site.

L'Alsace, région-frontière entre la France et l'Allemagne, est depuis toujours tiraillée entre la culture française et la culture germanique.

En 58 avant J.-C., l'Alsace, peuplée de Celtes, fut envahie par les Germains. Mais Jules César repoussa ceux-ci de l'autre côté du Rhin. Cette frontière fut maintenue tant que dura la "paix romaine". Strasbourg était alors un village de chasseurs et de pêcheurs nommé Argentoratum.

C'est au IIIe siècle de notre ère que l'Alsace commença à cultiver la vigne qui devait donner naissance à un vignoble de qualité. De nos jours les crus alsaciens sont réputés et la région vinicole, traversée par la fameuse "route du Vin", forme un ensemble pittoresque et plein de charme de villages fleuris aux maisons à colombages.

Au IVe siècle les Alamans franchirent le Rhin et firent ainsi reculer le celtique, langue populaire, et le latin, langue officielle de l'administration, de l'Église et de l'enseignement. Après les Alamans, l'Alsace fut dévastée par les Vandales et les Huns.

Après l'invasion franque, le pays fut administré au VIIe siècle par le duc Adalric ou Etichon, père de sainte Odile, résidant à Ehenheim, aujourd'hui Obernai. Selon la légende, Odile naquit débile et aveugle. Le duc d'Alsace, furieux, ordonna que l'on mît sa fille à mort. Mais la nourrice sauva l'enfant et l'éleva en cachette. Odile, devenue une belle jeune fille, fut baptisée et recouvra la vue grâce au Saint-Chrême. Adalric apprit alors qu'Odile était en vie. Pris de remords, il lui ouvrit ses portes et décida de la marier à un chevalier. Mais la jeune fille, qui désirait se consacrer à Dieu, s'enfuit. Adalric la poursuivit, mais elle trouva refuge dans un rocher qui s'était entrouvert : grâce à un miracle, la vie d'Odile était encore épargnée. Le duc, vaincu, donna à sa fille Hohenbourg, aujourd'hui le Mont-Saint-Odile, où elle fonda un couvent.

L'Alsace fut ensuite administrée par des comtes. Puis, lors du fameux partage de l'héritage de Charlemagne, en 817, l'Alsace revint à Lothaire. La petite bourgade d'Argentoratum était devenue une cité prospère nommée Strasbourg, la "ville des routes". C'est là que fut établi, en 842, le premier texte officiel en langues germanique et romane, le Serment de Strasbourg, scellant l'alliance de deux des petits-fils de Charlemagne, Louis et Charles, contre leur frère Lothaire.

En 870, Charles le Chauve céda l'Alsace à Louis le Germanique. Au Xe siècle, en raison d'un changement dynastique en Germanie, l'Alsace fut séparée de la France. Au XIIIe siècle, les bourgeois alsaciens, enrichis par le commerce, déclenchèrent dans les villes le mouvement anti-féodal qui devait les libérer du joug seigneurial et épiscopal. En 1260 apparut le premier texte officiel en alsacien, un appel de la municipalité de Strasbourg exhortant les citoyens à combattre les mercenaires de l'évêque Walter de Geroldseck. Au XIVe siècle dix villes se constituèrent en union, la Décapole. La bourgeoisie créa des écoles primaires dispensant un enseignement en alsacien.

En 1435, Gutenberg vint s'installer à Strasbourg. A partir d'une réflexion sur les caractères mobiles, cet orfèvre éclairé crée l'impression typographique. Il édite le premier livre - la Bible en allemand - en 1450 à Mayence mais c'est à Strasbourg surtout que se développera l'imprimerie, notamment pour diffuser les idées de la Réforme. La ville accueille alors les adeptes de Luther persécutés par l'Eglise catholique : Guillaume Farel, Lefèvre d'Etaples et bien d'autres. Calvin fut un des premiers pasteurs de Strasbourg.

En 1648, le traité de Westphalie mit fin à la guerre de Trente Ans qui lais-

KAYSERSBERG

Le climat continental permet après de longs hivers souvent enneigés des printemps et des étés fleuris. Aussi l'Alsacien est-il attaché à la mise en valeur de sa ville ou de son village dès que le soleil le permet. A la fin du printemps, la traversée des villages aux balcons multicolores est un enchantement pour les yeux. Kaysersberg, patrie d'Albert Schweitzer, représente le modèle type du bourg alsacien : à l'extérieur, des vignobles, à l'intérieur, un village médiéval avec des maisons à colombages et un pont fortifié.

LE HAUT-KOENIGSBOURG

L'histoire du Haut-Koenigsbourg remonte au XIIe siècle lorsque la puissante famille alsacienne des Hohenstaufen décide d'édifier un château sur les ruines de deux petits forts implantés à quelques kilomètres de Sélestat. De démolitions en reconstructions successives, le Haut-Koenigsbourg devient un amas de ruines offertes, en 1899, à Guillaume II qui confie alors la reconstruction du château à Bodo Ebhardt, ce qui suscite de nombreuses controverses. Derrière une triple enceinte, une construction allongée et massive, à l'image d'une forteresse médiévale, cache de nombreuses salles et dépendances.

sait l'Alsace exsangue, ruinée par les combats, la peste, la famine. La même année, par le traité de Munster, l'Alsace, excepté Strasbourg et Mulhouse, passait aux mains de la France. En 1674, les Allemands envahirent la région : ils furent repoussés par Turenne. Sous Louis XIV, en 1681, prenait fin l'indépendance de Strasbourg. Le roi tenta d'imposer aux Alsaciens le français comme langue officielle.

En 1789, l'esprit révolutionnaire soufflait et respectait les particularismes : en 1790, la Constituante proposa de faire traduire les lois et décrets en dialectes locaux. A Strasbourg le jeune officier du Génie Rouget de L'Isle composa la Marseillaise.

La cathédrale de Strasbourg échappa de justesse à l'anticléricalisme des sans-culottes grâce à un petit artisan tailleur qui confectionna un immense bonnet phrygien et en coiffa la flèche de l'édifice, le transformant ainsi en symbole de la Révolution. En 1798, Mulhouse, la dernière ville libre d'Alsace, se rattacha elle-même à la France.

En 1870, l'Alsace est envahie par les troupes allemandes. En 1871, par le traité de Francfort, elle est cédée à l'Allemagne. A l'issue de la guerre de 1914-1918, elle redevint française. En 1940, les Allemands occupèrent de nouveau l'Alsace et tentèrent de la germaniser. Les Alsaciens qui ne parvenaient pas à fuir étaient enrôlés de force dans la Wehrmacht ou partaient pour les camps. En 1944, la division Leclerc libéra Strasbourg. En 1945, la France reprit l'Alsace.

En Alsace, l'art roman atteignit sa pleine maturité au XIIe siècle, assimilant des influences rhénanes, bourguignonnes et transalpines et donnant à l'architecture religieuse de l'époque des chefs-d'œuvre tels que l'abbatiale de Murbach, Saint-Pierre-et-Paul de Rosheim, Sainte-Foy de Sélestat. Certaines églises, plus composites, marquent la transition vers le gothique, telle l'église Saint-Thomas à Strasbourg.

La cathédrale Notre-Dame de Strasbourg illustre magistralement l'art gothique et la diversité des influences reçues par le carrefour alsacien. Goethe fut enthousiasmé par cet exemple de "l'art vrai qui agit grâce à une sensibilité intérieure (...) à un génie semblable à celui de Dieu. " La cathédrale fut commencée en 1015 et achevée au XVe siècle. Elle est bâtie dans un beau grès rose qui lui confère beaucoup de charme et de grâce. Sa façade, haute de 66 mètres, est célèbre par la richesse de ses statues et de ses bas-reliefs qui composent une véritable dentelle. Dominant la façade se dresse une tour terminée par la fameuse flèche octogonale de Jean Hültz qui porte la hauteur totale de l'édifice à 142 mètres. Avec ses petites tourelles ajourées s'élevant sur six étages, cette flèche est un chef-d'œuvre de finesse et de légèreté.

Les Alsaciens racontent que, si la cathédrale n'a qu'une flèche, c'est pour imiter les cigognes qui se perchent sur une seule patte sur les cheminées des maisons. La curiosité de la cathédrale est l'horloge astronomique, œuvre de Schwilgué, dont le défilé des automates suscite l'enthousiasme populaire. A midi, les douze apôtres défilent et s'inclinent devant le Christ ; le coq chante trois fois en battant des ailes. Pendant la journée, les quatre Ages de la vie marquent les quarts d'heure et la mort sonne les heures.

Sur la place de la cathédrale se trouve la plus ancienne maison de Strasbourg, la maison Kammerzell dont on peut admirer les fresques et les sculptures sur bois.

L'un des charmes du vieux Strasbourg est la Petite France, ancien quartier des pêcheurs, des meuniers et des tanneurs, enserré entre deux bras de l'Ill dont l'eau reflète les maisons du XVIe siècle à galeries de bois et à pignons. Passerelles et écluses, petits ponts, rues pavées et étroites réservées aux piétons, l'ensemble de ce quartier habilement préservé et restauré s'oppose aux récentes constructions qui doivent servir d'infrastructure à la capitale européenne.

ARC-ET-SENANS

La construction d'Arc-et-Senans évoque une notion aujourd'hui disparue mais qui constituait jadis l'une des préoccupations majeures de nos ancêtres : la conservation et le commerce du sel. Le sel était le seul agent connu pour la conservation des denrées alimentaires. Il était primordial pour l'homme de la ville ou de la campagne mais il était vital pour tous ceux qui s'embarquaient pour de longs voyages en mer.

Le sel intervenait également dans la transformation des produits de première nécessité et il occupait une place essentielle dans les échanges commerciaux.

Il fut même l'objet d'un impôt, la célèbre gabelle qui devait provoquer tant de remous : le roi Philippe VI entendait ainsi contrôler toute production et transaction de sel.

Dans chaque région, le montant de la gabelle était proportionnel à la production de sel. Les habitants du sud de la France et du bassin parisien payaient un impôt de cent à cent cinquante fois supérieur à celui des pays salins. Cet impôt impopulaire favorisa un marché noir du sel, et même de faux sel que les gabelous tentèrent souvent en vain de réprimer. Mais l'exploitation du sel favorisait le développement d'une région. Aussi, lorsque Louis XVI fit entreprendre la construction des salines royales d'Arc-et-Senans, les habitants du Jura accueillirent très favorablement ce projet.

La fin du XVIIIe siècle connaissait un courant architectural rationnel et social à la fois, qu'influençaient les récentes découvertes scientifiques et les idées rousseauistes. A la veille de la Révolution, "l'idéologie du bonheur" voit le jour, mêlant à une vision du monde qui se veut cartésienne la sensibilité préromantique. Et l'architecte à qui Louis XVI confia la construction des salines royales voulut réaliser une "cité idéale", précédant en quelque sorte les idées de Fourier sur la vie communautaire.

L'architecte Claude Nicolas Ledoux avait réalisé à Paris de nombreux hôtels particuliers, à Louveciennes un pavillon, à Versailles des écuries et le château de Bénouville en Normandie : la construction prestigieuse et utopique des salines d'Arc-et-Senans constituait une innovation totale.

Un plan en rotonde prévoyait une usine-atelier entourée d'un cercle d'habitations et de "distractions", bains publics, maison de récréation, église, marché, mais seuls les logements et la saline furent réalisés.

La saline elle-même est composée de deux bâtiments qui encadrent la maison du directeur, tous les bâtiments convergeant vers elle. Cette architecture correspondait aux idées mêmes de Ledoux : un principe de centralisation et de concentration pour une production plus efficace.

Ledoux s'est inspiré du Palladio dans ses édifices à rotonde précédée de colonnes ; ici, les colonnes à claveaux alternativement carrées et cylindriques du péristyle s'harmonisent, comme chez l'Italien de Vicence, avec la sobriété classique de l'ensemble.

Le bois de chauffage était entreposé dans la cour avant d'être apporté dans les fours où devaient s'évaporer les eaux salines, le sel restant seul.

Les eaux elles-mêmes provenaient de Salins : leur adduction se faisait dans de très longues canalisations de bois de plus de vingt kilomètres ; la forêt de Chaux fournissait le bois. Mais l'exploitation était peu rentable et les salines furent fermées en 1890.

Aujourd'hui, Arc-et-Senans a retrouvé sa vocation de centre d'avant-garde : ses murs abritent un centre de réflexion sur le XXIe siècle.

BEAUNE

Les toits des hospices de Beaune symbolisent la Bourgogne au même titre que les vignobles alentour dont les côteaux ensoleillés produisent des vins qui font venir des amateurs des quatre coins du monde.

La Bourgogne fut d'abord une terre gauloise et le nom de Beaune vient probablement du dieu gaulois des sources et des eaux, Bélénos. Nombreux sont d'ailleurs les souvenirs celtes et gaulois dans cette région, notamment les tumulus.

Mais en 52 avant J.-C., la défaite de Vercingétorix à Alésia ouvrit la porte à la colonisation romaine qui fut, du reste, très favorable au développement économique de la région.

Puis les Barbares chassèrent les Romains et, à la fin du Ve siècle, l'une de leurs branches, celle des Burgondes, se fixa là définitivement. En 534, ils créèrent le royaume de Burgondie qui sera bientôt la Bourgogne. Ce royaume modeste à l'origine deviendra, au cours des siècles, si puissant que souvent, les rois de France craindront les trop arrogants ducs de Bourgogne, jusqu'à ce qu'en 1477, l'astucieux et redoutable Louis XI annexe l'orgueilleux duché à la couronne de France.

L'histoire des hospices de Beaune remonte au XIVe siècle. La cité beaunoise fut frappée par la peste noire de 1346 qui décima une grande partie de la population et la guerre de Cent Ans fit également des ravages.

Les chroniques du début du XVe siècle affirment qu'il y avait tant de pauvres gens que certains bourgeois n'hésitaient pas à les accueillir sous leur propre toit. Un petit bourgeois de l'époque, dont la mère était beaunoise, fut élevé à la dignité de chancelier de Bourgogne. Cet homme, Nicolas Rolin, avait épousé Guigone de Salins ; ensemble, ils décidèrent de consacrer leurs biens à l'édification d'un hôpital pour malades et déshérités. Ses écrits montrent qu'à l'époque, même pour les riches, le ciel pouvait compter autant que la terre : "Je, Nicolas Rolin… en ce jour du dimanche 4 août 1443, je mets de côté toutes sollicitudes humaines et ne pense qu'à mon salut. Désirant par une heureuse transaction échanger contre les biens célestes ceux de la terre qui m'ont été accordés par la bienveillance de Dieu et, de transitoires les rendre éternels dès maintenant, à perpétuité et irrévocablement, je fonde, érige, construis et dote dans la ville de Beaune au diocèse d'Autun un hôpital pour la réception, l'usage et la demeure des pauvres malades avec une chapelle en l'honneur de Dieu tout-puissant et de sa glorieuse mère".

Il fallut plus de huit ans pour édifier ce bâtiment de style gothique-flamand qui hébergea tant de nécessiteux dans la Grande Salle ou "salle des Pôvres", longue de 72 mètres et haute de 20 mètres avec une charpente en berceau très en vogue dans les abbayes de l'époque.

Le premier malade fut admis à l'hospice le 1er janvier 1452 ; à cette époque, les soins étaient assurés par les religieuses venues de l'hôpital Saint-Jacques de Valenciennes. En ce qui concerne les ressources de l'hospice, Nicolas Rolin donna d'abord une rente annuelle de mille livres tournois prélevées sur le produit des salines comtoises de Salins. Puis, vers 1462, le chancelier agrandit le domaine agricole qui procure de nos jours le principal des recettes. Et aujourd'hui, le domaine des hospices de Beaune couvre environ 800 hectares répartis sur les départements de la Côte d'Or et de la Saône-et-Loire. Le domaine viticole représente à lui seul 52 hectares, et les grands vins des hospices de Beaune sont vendus aux enchères une fois par an, le troisième dimanche de novembre, au cours de ce que l'on appelle : "la plus grande vente de charité du monde".

L'HÔTEL-DIEU

Beaune tiendrait son nom du dieu gaulois des sources Bélénos. Cependant, ce n'est pas l'eau mais le vin qui a fait la fortune de Beaune. Depuis l'introduction de la vigne par les Romains, l'exploitation du vignoble bourguignon s'est poursuivie à toutes les époques, mais ce n'est qu'au XVIIIe siècle que s'ouvrirent à Beaune les premières maisons de négociants. Les Hospices de Beaune, qui regroupent l'Hôtel-Dieu que nous voyons ici et l'Hospice de la charité, sont eux-mêmes propriétaires d'un superbe vignoble.

LYON

Lyon est aujourd'hui la seconde ville de France alors qu'après la guerre, elle oscillait entre la troisième et la quatrième place. Son dynamisme résulte en partie de la volonté de décentralisation du gouvernement français et de l'implantation d'entreprises et d'industries qui ont placé la région sur orbite.

Nombreux sont les cadres qui se sont établis à Lyon, y faisant souche et cette population côtoie les vieilles familles lyonnaises, très traditionnelles. S'implanter à Lyon signifiait, en plus d'une sécurité professionnelle, être à proximité des stations de montagne comme de la Provence et de la Côte d'Azur.

Aux confluents de la Saône et du Rhône, la ville a toujours bénéficié d'une position de carrefour. La Saône, qui prend sa source en Lorraine, traverse l'ancien territoire des ducs de Bourgogne avant de se jeter dans le Rhône à Lyon ; le Rhône prend sa source en Suisse et, longeant la Provence, finit dans la Méditerranée. Le démarrage de Lyon fut exceptionnellement rapide car c'est là que César avait choisi de s'installer pour partir à la conquête de la Gaule. Puis l'empereur Agrippa érige la ville en capitale. Les architectes romains couvrent la cité de superbes monuments, sa prospérité suscite l'admiration.

Point de convergence du sud et du nord, de l'est et de l'ouest, Lyon voit transiter sur ses rives toutes les marchandises de la Méditerranée qui repartent vers les régions septentrionales. La ville, à l'époque, regroupe plusieurs agglomérations : Lugdunum, la ville romaine, Condate, la ville gauloise et, entre les deux bras du Rhône, l'île de Canabae — où se trouve aujourd'hui le centre nerveux de Lyon, la place Bellecour — abritant les villas des riches négociants. Carrefour économique, Lyon occupe également un rôle prépondérant dans la vie politique car c'est là que, chaque année, se tient l'assemblée des Gaules.

Une plate-forme aussi importante attire très vite les prédicateurs chrétiens. Dès le IIe siècle, Lyon compte de nombreux martyrs, dont les célèbres sainte Blandine et saint Pothin, premier évêque de Lyon. En 197, Lyon subit un véritable carnage : l'empereur Septime Sévère se venge de la ville qui a osé se rebeller contre Rome en faisant allumer un gigantesque incendie et il fait massacrer les chrétiens par milliers. Mais les martyrs ont tant fait pour la cause chrétienne que Lyon est l'une des premières villes vraiment chrétienne ; elle sera plus tard la ville du Primat des Gaules.

Au IXe siècle, Lyon subit les mouvances de l'héritage de Charlemagne : elle est bientôt une ville du sud lorsqu'elle passe dans l'escarcelle des comtes de Provence, puis elle change d'influence au XIe siècle lorsque le Saint Empire romain germanique la récupère. Lyon est alors gouvernée par des archevêques qui profitent de leur pouvoir temporel pour édifier de nombreux monuments intemporels : églises et abbayes surgissent partout à Lyon et sur les monts avoisinants et, aujourd'hui, nombreuses sont celles dont on retrouve le souvenir.

Philippe le Bel rattache Lyon à la Couronne de France en 1312 ; il accorde à la cité une charte communale qui lui assure une certaine autonomie : l'expansion économique renaît immédiatement, mais les Lyonnais déchantent vite de cette nouvelle administration. Les douze consuls élus s'avèrent plus redoutables que les archevêques auxquels, jadis, le petit peuple avait osé s'affronter. Au XVe siècle, Lyon est à nouveau une ville en plein essor. Elle s'enorgueillit alors de la venue de François Ier puis de sa sœur, la reine Marguerite de Navarre, l'auteur de l'Heptaméron.

Une industrie nouvelle contribue pour une part importante au développement de Lyon : la soie, introduite par des Italiens mais la légende dit que la vogue de cette nouvelle matière fut "lancée" par le très précieux Henri III avec

ses bas de soie et ses mignons qui l'imitèrent immédiatement.

Une autre industrie récente, l'imprimerie, crée également à Lyon un nouveau pôle d'attraction. La masse financière générée attire bien évidemment commerçants et banquiers. La bourgeoisie lyonnaise est riche mais autour d'elle les ouvriers et les petits artisans représentent une population industrieuse et souvent misérable.

Au Siècle des Lumières, Lyon s'affirme comme une cité scientifique. Les frères Jussieu, botanistes aventureux, introduisent en France de très nombreuses variétés d'arbres exotiques, ils plantent entre autres deux cèdres du Liban. En 1776, Jouffroy met à flot le premier bateau à vapeur sur lequel il remonte la Saône. Deux autres frères s'illustrent également : les frères Montgolfier. Etienne de Montgolfier invente le papier à filtrer, puis il aide son frère Joseph et Pilâtre de Rozier à faire voler le premier aérostat.

Mais la vedette populaire - et impopulaire - de Lyon est incontestablement Jacquard. Ce fils de canuts se révèle trop fragile pour rester sur un métier à tisser. A la mort de son père, il refait une tentative à son nom propre et échoue. Une nouvelle fois, il doit abandonner. Après la Révolution, il s'engage à nouveau comme ouvrier mais il consacre ses nuits à l'élaboration d'un métier à tisser. Bientôt, le gouvernement appelle ce nouvel inventeur à Paris où il perfectionne le métier à tisser du Grenoblois Vaucanson, puis il retourne à Lyon. L'essentiel de la découverte consiste à faire exécuter par un ouvrier ce qui nécessitait jadis l'emploi de six personnes.

L'optimisme de Jacquard n'avait pas prévu la chute de la mode lancée par Henri III et aujourd'hui, Lyon fournit encore de superbes soieries mais seuls quelques grands couturiers les utilisent.

Lyon s'est cependant reconvertie avec bonheur. Le Rhône a facilité l'installation de nombreuses industries métallurgiques. Lyon est aussi la ville de Berliet et la patrie des industries pharmaceutiques, mais c'est le secteur tertiaire qui, aujourd'hui, occupe principalement les nouvelles tours de la cité.

Le dynamisme et la prospérité lyonnaise n'empêchent pas la cité de dégager une atmosphère chaleureuse. Guignol, bien sûr, a donné du Lyonnais une image familière mais son célèbre bâton n'a pas forcément traduit le charme de la vie lyonnaise. Avant tout, à Lyon, il fait "bon vivre". C'est alors qu'il exerçait la médecine à l'Hôtel-Dieu que Rabelais publia les loufoques aventures de Gargantua.

La vie lyonnaise s'organise aujourd'hui en différents quartiers de Lyon, anciens comme modernes. De la place Bellecour à celle des Terreaux, la large rue de la République draine les promeneurs et les amateurs de shopping. Au-delà des Terreaux, les traboules, passages étroits typiquement lyonnais, qui communiquent d'une rue à une autre, rappellent que la place était chère à Lyon et qu'il fallait construire en hauteur, comme dans la Rome de Néron. Le vieux Lyon, l'ancien quartier des canuts, de l'autre côté de la Saône, au pied de Fourvière, rappelle de façon encore plus cruciale la question du logement dans une ville aux activités géographiquement concentrées. Mais, pour rien au monde les Lyonnais ne rénoveraient véritablement ces quartiers sans soleil qui sont pour eux synonymes de racines. Et ils les conservent d'autant plus volontiers que la réfection des quais de Saône et la création de la Part-Dieu prouvent que s'ils le veulent, ils sont capables de rénover ou de créer un quartier de l'an 2000.

Mais les raisons d'aller humer l'air lyonnais sont si nombreuses qu'il serait difficile de les énumérer. Avant de s'immerger dans les tourbillons de la circulation lyonnaise, on peut aller prendre l'oxygène sur les hauteurs de Fourvière ou dans le Parc de la Tête d'Or : le nom de ce jardin vient d'une légende qui affirme qu'une tête du Christ en or y a été enterrée. Et puisque notre promenade tend à nous sentir lyonnais pour quelques heures ou quelques jours, n'oublions pas d'aller goûter l'admirable cuisine lyonnaise.

PÉROUGES

La cité de Pérouges, au nord-est de Lyon, est peut-être le village le plus photographié de France. A l'extérieur, ses remparts circulaires, à l'intérieur, ses ruelles admirablement restaurées recréent à merveille l'atmosphère d'un village du XVᵉ siècle, à mi-chemin entre le Moyen Age et la Renaissance.

LE MONT-BLANC

Celui qui arrive à Chamonix ne peut qu'être surpris par le jaillissement soudain du massif du Mont-Blanc composé de dômes arrondis, d'aiguilles pointues et de glaciers se précipitant dans la vallée. Le point culminant, le Mont-Blanc, domine à 4807 mètres d'altitude. Situé dans les Alpes du Nord à la frontière de l'Italie, il présente deux aspects bien différents. Le versant français, empreint de majesté, ne comporte que peu d'escarpements rocheux et consiste en une suite de dômes neigeux à perte de vue. Au contraire, le versant italien n'est qu'une paroi jonchée d'aiguilles dont l'ascension relève de l'exploit. Il existe plus de vingt itinéraires différents pour atteindre le sommet.

C'est la conquête du Mont-Blanc qui va définitivement sceller le destin de la vallée de Chamonix et marquer le début de l'histoire de l'alpinisme. A la fin du XVIIe siècle, les Alpes n'étaient exploitées que jusqu'à la limite supérieure des forêts et des alpages, au-delà, tout restait mystérieux. Qualifié de "montagnes maudites" pendant des générations, le massif du Mont-Blanc était considéré comme le séjour des démons et les catastrophes naturelles étaient perçues comme un châtiment de Dieu. Par peur de le nommer, le Mont-Blanc n'apparaît que tardivement sur les cartes et sous le nom de "rupes Alba", c'est-à-dire "roche blanche". Cependant, vers le milieu du XVIIIe siècle, outre de nombreux poètes venus glorifier le Mont-Blanc, des étrangers curieux et fortunés s'aventurèrent vers les glaciers de Chamonix sous la conduite des autochtones téméraires. On accédait à la Mer de Glace à dos de mulet ou au Brévent en chaise à porteurs, les plus courageux allaient à pied.

Dès 1760, Horace Bénédict de Saussure, jeune scientifique genevois, décide délibérément de vouer sa vie à cette splendide conquête. Naturaliste chevronné et marcheur infatigable, il propose d'offrir une récompense à celui qui parviendra le premier au sommet du Mont-Blanc. Ce défi est relevé par de nombreux amateurs mais les expéditions se soldent par de lamentables échecs, car les aventuriers sont persuadés qu'il est impossible de passer une nuit entière à de telles altitudes. La plus renommée de ces expéditions est celle du 13 juillet 1775 au cours de laquelle les quatre guides chamoniards risquent la mort.

Mais c'est Jacques Balmat qui demeure à jamais le héros de Chamonix. C'est à lui que l'on doit la découverte des itinéraires menant vers la Grande Cime et il fut le premier à s'aventurer seul sur les pentes glacées sans crampons ni piolet. Ultérieurement, il servit de guide pour les deux grandes excursions de Paccard et de Saussure. En 1776, il apporte la preuve tant attendue que l'on peut bivouaquer la nuit et survivre à 4300 mètres d'altitude. Intéressé par une telle performance, le docteur Jean-Michel Paccard, après avoir longuement étudié le problème de la survie en haute montagne décide de tenter l'expérience avec Balmat. Les deux hommes quittent la vallée de Chamonix dans l'après-midi du 7 août 1786. Après avoir passé la nuit au sommet de la montagne de la Côte, ils parviennent au sommet du Mont-Blanc le 8 août à 18 h 30. Le Mont-Blanc était conquis. Plus importante fut l'expédition organisée un an plus tard par Saussure accompagné de quelque dix-huit guides chargés de matériel scientifique et conduite par Balmat. Mais laissons la parole à Bénédict de Saussure : "Ce que je venais voir, et ce que je vis avec la plus grande clarté, c'est l'ensemble de toutes les hautes cimes dont je désirais depuis longtemps connaître l'organisation. Je n'en croyais pas mes yeux ; il me semblait que c'était un rêve lorsque je voyais sous mes pieds ces cimes majestueuses, ces redoutables aiguilles, le Midi, l'Argentière, le Géant dont les bases mêmes avaient été pour moi d'un accès si difficile et si dangereux."

AVIGNON

La rayonnante métropole du Vaucluse, Avignon, s'étend autour du rocher des Doms d'où le Palais des Papes et la cathédrale dominent la ville. A l'abri de ses remparts, Avignon mène une existence animée et culturelle, particulièrement lors du fameux festival d'Art dramatique qui attire les amateurs de théâtre, de danse et de musique de l'Europe entière. La célébrité de la ville remonte cependant à l'installation de la papauté sur son territoire au début du XIVe siècle.

Avant de devenir Cité des Papes, Avignon, fondée vers le VIe siècle avant J.-C. par les Massaliotes, connut une période de prospérité à l'époque gallo-romaine, puis en tant qu'évêché. Mais elle prit parti pour les Albigeois et Louis VIII s'empara d'elle en 1226.

Lorsque la cour pontificale y élut domicile, elle appartenait au comte de Provence, catholique fervent, vassal de Clément V (1305-1314), le premier pape avignonnais, ancien archevêque de Bordeaux. L'insécurité politique régnant alors en Italie poussa le souverain pontife à rechercher une terre d'asile. Son choix se porta sur Avignon, qui jouxtait le Comtat Venaissin, possession du Saint-Siège depuis 1274, et qui jouissait d'une situation géographique remarquable, au carrefour des routes entre l'Italie et la France. Philippe le Bel n'était pas étranger à cette décision : le roi pensait ainsi assurer son pouvoir sur le pape.

En 1309, Clément V fit son entrée dans Avignon. Il espérait toutefois regagner Rome dès que possible. Mais, à la suite du concile de Vienne (1311-1312), l'Italie était à feu et à sang, livrée à des bandes armées, à la violence et au pillage, et le pape ne parvint pas à rejoindre Rome. Il s'installa donc définitivement en Avignon.

Jusqu'en 1376, sept pontifes français se succédèrent dans le Palais des Papes : Clément V, qui mourut en 1314 ; Jean XXII, élu à soixante-douze ans en 1316 car pendant deux ans le conclave n'avait pas trouvé de successeur ; Benoît XII à qui nous devons la partie du Palais des Papes appelée "Palais Vieux" ; Clément VI qui acheta Avignon en 1348 à Jeanne Ière, reine de Sicile et comtesse de Provence, et fit construire le Palais Neuf ; Innocent VI et Urbain V qui embellirent le palais et le dotèrent de nouvelles constructions ; et Grégoire XI.

Avignon, devenue résidence de la cour pontificale, connut alors l'apogée de sa splendeur. Elle draina une foule cosmopolite d'hommes d'église, d'artistes, d'étudiants, de marchands. Les richesses s'y accumulèrent, et on y éleva de magnifiques édifices. La ville ouvrait ses portes à tous, même aux repris de justice. Le luxe y régnait mais aussi la corruption et la luxure. A cette époque où s'affirmait l'idéal franciscain et où la pauvreté était au cœur de tous les débats, l'étalage d'argent de la cour d'Avignon choquait de nombreux religieux. On qualifia même cette période d'exil papal de "seconde captivité de Babylone". Avignon était ainsi assimilée, notamment par les Italiens, à la ville-symbole de toute dépravation.

Soumis à diverses pressions, Grégoire XI quitta Avignon en 1376. Sa mort en 1378 et l'élection d'un pape italien, Urbain VI, inaugurèrent le grand schisme d'Occident, Les cardinaux, mécontents du nouveau pape, élurent un autre pontife, Clément VII, premier pape schismatique, qui s'établit en Avignon, avec le soutien du roi de France. Bien entendu chacun des deux papes prétendait être le seul vrai détenteur de la dignité pontificale et taxait son adversaire d'anti-pape. A la mort de Clément VII, en 1394, on désigna pour lui succéder Benoît XIII, mais celui-ci dut s'enfuir en 1403. Le palais, défendu par ses partisans, fut assiégé et pris.

Le grand schisme s'éteignit avec ce pape. L'histoire de la papauté avignonnaise prenait fin. Le Saint-Siège devait cependant garder le Comtat Venaissin jusqu'en 1791 et Avignon restait sa propriété. Jusqu'à son rattachement à la France lors de la Révolution, elle fut gouvernée par un légat du pape.

Planté sur le rocher des Doms non loin de la cathédrale, le Palais des Papes forme un ensemble architectural impressionnant composé de deux constructions successives et juxtaposées, au nord le Palais Vieux et au sud le Palais Neuf. La partie la plus ancienne appelée "Palais Vieux" se dresse à la place de l'ancien palais épiscopal que Benoît XII (1334-1342) fit démolir pour édifier son château, véritable forteresse flanquée de tours et d'un donjon, reflétant par son austérité l'esprit dans lequel fut élevé Benoît XII, ancien moine cistercien. Le Palais Vieux comprend principalement un cloître ; les appartements particuliers du pape ; une immense salle des Festins appelée grand Tinel, longue de quarante-cinq mètres et large de dix mètres ; une cuisine pourvue d'une étonnante cheminée à pans octogonaux ; la vaste salle du Consistoire, où le pape tenait conseil avec les cardinaux ; la chapelle Saint-Jean, la trésorerie, la bibliothèque et la chapelle Saint-Martial. Sous Benoît XII, la décoration de toutes ces pièces était fort simple.

Tout autre est le Palais Neuf de Clément VI, le pape fastueux, dont le maître d'œuvre était Jean de Louvres, originaire d'Ile-de-France. On peut y admirer la magnifique salle de la Grande Audience, d'architecture gothique, où siégeait le tribunal ecclésiastique ; la salle de la Petite Audience et surtout la gracieuse chapelle Clémentine. Le pape a fait décorer la plupart des pièces de superbes fresques des artistes italiens Simone Martini et Matteo Giovanetti. Ce dernier a notamment orné la salle de la Grande Audience de la fresque dite des Prophètes dont le fond est bleu nuit parsemé d'étoiles. Il a peint également dans la chapelle Saint-Martial les épisodes de la vie de ce saint, apôtre du Limousin dont Clément VI était originaire.

C'est au premier étage du Palais Vieux que se tenait le conclave : les cardinaux s'y enfermaient pour élire le nouveau pape et y restaient jusqu'à la décision finale. Le nom même de "conclave" ("sous clé") et ce procédé remontent au XIIIe siècle. En 1268, à la mort de Clément IV, les cardinaux ne parvenaient pas à choisir un nouveau pape. Après trois ans de vacance du Saint-Siège, le peuple, excédé, enferma les cardinaux dans la salle de délibération : ils ne devaient en sortir qu'après avoir effectué l'élection.

Le Palais subit deux sièges, en 1398 et en 1411, qui le dégradèrent. Il fut pillé lors de la Révolution. Il est aujourd'hui restauré et recueille le prestige du festival annuel de théâtre en présentant dans sa cour tout le mois de juillet les réalisations des plus grands metteurs en scène.

L'initiative du festival d'Avignon revient à Jean Vilar. Cet homme de théâtre, à la fois acteur et metteur en scène, resta relativement méconnu du grand public jusqu'à la création du festival en 1947.

Mais l'intérêt d'Avignon ne réside pas uniquement dans le Palais des Papes.

Il y a d'abord le Pont-Saint-Bénézet, celui de la chanson "où l'on danse tous en rond". Il faut bien entendu le voir à titre d'anecdote car il est beaucoup trop étroit pour y danser en rond. Et l'impétuosité des crues du Rhône qu'il enjambait jadis sur près d'un kilomètre l'a rompu plusieurs fois, et pour toujours au XVIIe siècle ; mais, il y a vingt-cinq siècles, ses berges abritaient un port fluvial très prospère.

Il y a aussi les remparts qui encerclent complètement la cité, le Petit Palais où dix-neuf salles présentent des chefs-d'œuvre de la peinture italienne de la Renaissance, l'Hôtel des Monnaies, l'un des innombrables hôtels du XVIIe et du XVIIIe siècles en Avignon, la cathédrale des Doms, les églises, les très nombreux musées...

LE PALAIS DES PAPES

L'installation des papes en Avignon vaut à la cité la construction d'un gigantesque palais de 15.000 m². C'est l'exemple type de la tendance architecturale née au XIVe siècle : le château résidentiel pouvant faire office de forteresse. Le Palais des Papes comporte deux bâtiments : le Palais Vieux et le Palais Neuf. L'austère Palais Vieux de Benoît XII s'inspire des forteresses romanes d'allure médiévale tandis que le Palais Neuf du brillant Clément VI, juxtaposé au premier palais, est de facture plus franchement gothique. L'intérieur du palais témoigne des goûts de mécène de ce pape (superbes fresques).

NÎMES

LES ARÈNES

Cet amphithéâtre, le mieux conservé du monde romain, fut construit sur le modèle du Colisée de Rome. Sa restauration fut entreprise dès 1809 .

LA MAISON CARRÉE

Construit sous Auguste au Ier siècle av. J.-C. pour le culte impérial, ce magnifique temple témoigne du profond attachement de la colonie romaine à la dynastie impériale. Il se rapproche des temples grecs par son plan pseudo-périptère mais possède un ordre corinthien romain enrichi de motifs décoratifs imaginés par un architecte probablement venu de Rome. Son parfait état de conservation accentue la finesse du calcaire local utilisé pour la construction.

LE PONT DU GARD

L'alimentation en eau représentait un poste important de l'urbanisme romain et très nombreux sont les vestiges des aqueducs. Mais le Pont du Gard est le seul qui soit parvenu intact. Long de 275 mètres et haut de 49 mètres, il supporte trois niveaux d'arcades, en retrait les uns des autres ; les blocs de pierre blonde, d'environ 6 tonnes chacun sont juxtaposés, sans liant ni scellement d'aucune sorte.

C'est sur ses armoiries qu'il faut chercher la naissance de Nîmes. A l'emplacement de la capitale des Volques Arécomiques, l'empereur Auguste fonda une colonie romaine, Némosus, peuplée de vétérans d'Egypte ayant combattu à Actium en 31 avant J.-C., d'où la fameuse monnaie, devenue emblème, du crocodile enchaîné. La ville sert très vite de grand carrefour routier comme tête de pont vers l'Espagne et l'Italie. Les empereurs Auguste et Agrippa la dotent de nombreux monuments dont les plus remarquables sont la Maison Carrée et les arènes.

La Maison Carrée reste un des plus beaux monuments que les Romains aient construits dans les Gaules et surtout le plus complet que nous possédions. Ce temple appartenait probablement au forum romain. Il fut édifié par Agrippa pour être offert à la colonne des vétérans installée par Auguste en 19 avant J.-C. Nous savons, grâce à une inscription trouvée sur le fronton que la Maison Carrée servit dans les premières années de l'ère chrétienne de temple de culte impérial dédié aux petits-fils d'Auguste, Caius et Lucius morts en bas âge, l'un en Germanie et l'autre en Espagne. On manque de renseignements quant à l'utilisation du bâtiment à partir de 14 après J.-C., mais il est sûr que l'appellation de Maison Carrée ne date que du XVIe siècle puisque, auparavant, elle était désignée sous le nom patois de Capdneil, dérivation de capitolium. A partir du XIe siècle, l'édifice est utilisé comme lieu d'assemblée et siège de l'administration consulaire par les comtes de Toulouse. Elle est ensuite vendue à un particulier puis rachetée par les Augustins qui la transforment en chapelle. Vendue à nouveau pendant la Révolution, elle finit par revenir définitivement à la ville de Nîmes qui, en 1816, après quelques restaurations, installe le musée complètement réorganisé par M. Costa en 1954.

Situées à quelques mètres de l'Esplanade, carrefour stratégique de la ville, les arènes constituent le deuxième joyau architectural de la ville. Construites entre 75 et 95 après J.-C., elles forment une gigantesque ellipse dont le grand axe mesure 133 mètres et le petit 101 mètres. L'édifice atteint 21 mètres dans sa hauteur maximale et comprend extérieurement deux étages de portiques superposés avec 60 arcades à chaque étage. Ces arènes pouvaient contenir vingt-quatre mille spectateurs. La diversité des spectacles réjouissaient la nombreuse colonie romaine : les combats d'hommes et de fauves, les combats de gladiateurs avec mise à mort du vaincu, les exécutions des chrétiens constituaient une distraction essentielle de l'époque. Au cours du Moyen Age, l'édifice sert de forteresse et de champ d'action pour la formation par les jeunes seigneurs féodaux de la milice des Chevaliers des Arènes destinée à en assurer la défense. De nos jours, Nîmes organise deux ou trois fois par an de grandes courses de taureaux. Depuis 1988, un immense toit amovible couvrant les arènes pendant l'hiver fait de Nîmes une ville de spectacle permanent et d'avant-garde, avec un centre d'art contemporain. Autre célèbre vestige, la tour Magne, à Nîmes, qui appartient au folk ore littéraire français.

L'histoire de Nîmes est également très marquée par les luttes religieuses : catholique contre les Wisigoths arianistes au Ve siècle, cathare au XIIIe siècle, antisémite au XIVe siècle, Nîmes se fait, au XVIe siècle, le bastion du protestantisme méridional. Luttes et persécutions ne prendront fin qu'à la Révolution. La ville a été ainsi tour à tour misérable et florissante : Louis XI puis François Ier en ont fait un grand centre de l'industrie des étoffes, qui exportait jusqu'aux Indes.

Aujourd'hui, Nîmes est l'une des plus belles réussites d'expansion économique régionale. Fière de son passé, de son architecture, Nîmes présente le visage heureux d'une ville qui sourit à l'avenir.

ARLES

La petite Rome des Gaules fut d'abord une importante cité celto-ligure (VIe siècle avant J.-C.), d'où son nom de Arelate "les eaux dormantes" en celte.

Avant leur arrivée, les légendes sont nombreuses, elles remontent à l'âge de pierre et la découverte d'ossements préhistoriques appuie l'hypothèse de l'ancienneté du site. On raconte que les Géants, pour détrôner Dieu, empilèrent les Alpilles et la montagne Sainte-Geneviève sur le mont Ventoux. Mais le souffle de Dieu fut plus fort et les Géants disparurent sous une pluie de cailloux.

Plus sûrement, nous savons que les Phocéens considèrent la cité comme la Nourricière, d'où son nom de Théliné. Puis vinrent les Romains qui détrônèrent les Grecs de Marseille et firent ultérieurement creuser un canal reliant Arles au golfe de Fos. L'initiative en revient au consul Marius. Pour mettre un terme à l'impérialisme des Grecs de Marseille, les Romains avaient installé une colonie de vétérans bien décidés à faire fructifier leur nouvelle patrie et ils édifièrent en Arles un ensemble de constructions que l'on admire encore aujourd'hui.

Arles s'enorgueillit alors principalement de ses arènes qui pouvaient réunir vingt mille spectateurs et de son théâtre qui accueillait douze mille amateurs (c'est de là que provient la célèbre Vénus qui fut offerte à Louis XIV en 1651). Un autre vestige romain important, les cryptoportiques, constitue un vaste dédale souterrain construit au Ier siècle avant J.-C. Leur fonction véritable est encore sujette à controverse : elles devaient assurer la stabilité des fondations du forum, servir d'entrepôts, mais aussi de refuge au Moyen Age, les habitants ayant creusé leur cave pour les faire communiquer avec les précieux souterrains.

Les Arlésiens, riches négociants, font admirablement prospérer leur cité. Aux IIe et IVe siècles, Arles connaît, avec Constantin, un nouvel essor alors que l'empire romain entame son déclin. A l'extrême fin du IVe siècle, elle deviendra la capitale des Gaules. Depuis l'an 254, elle était le siège d'un évêché et elle a accueilli plusieurs conciles. Les Alyscamps témoignent de la continuité de ce monopole religieux. C'est l'une des plus célèbres nécropoles d'Occident, au point que l'on disait d'Arles que la ville des morts était plus importante que la ville des vivants. Trois couches de sarcophages, païens et chrétiens, s'étendent sur une longue allée bordée d'arbres.

Au Ve siècle, l'invasion des Wisigoths limite son autorité et au IXe siècle la ville est rattachée au royaume de Provence ; elle sera cependant la capitale du royaume de Bourgogne-Provence jusqu'en 1032. Au XIIe siècle, elle retrouve une certaine autonomie. En 1178, Frédéric Barberousse tient à venir se faire couronner roi d'Arles à l'église Saint-Trophime qui vient d'être achevée. Mais en 1239, les bourgeois arlésiens se donnent au comte de Provence, Aix détrône Arles sur le plan politique et Marseille élimine sa rivale de quinze siècles sur le plan économique.

La maison d'Anjou, à la tête du comté de Provence, enlève tout éclat particulier à Arles. La Renaissance laisse cependant quelques beaux hôtels.

En 1888 Van Gogh s'installe en Arles qu'il immortalise par son célèbre "pont", et il invite Gauguin à venir le rejoindre. Aujourd'hui un "espace Van Gogh" a été aménagé. La création de l'Ecole nationale de la photographie et la construction d'un musée de l'Arles antique, si riche en souvenirs romains et chrétiens, témoignent de la volonté des Arlésiens d'exploiter un formidable potentiel touristique et culturel que leur permet leur passé si brillant.

SAINT-TROPHIME

Sur le flanc droit de l'église Saint-Trophime, chef-d'œuvre de l'art roman provençal, se trouve un des plus beaux cloîtres de France élevé lors de deux campagnes de constructions successives. Deux galeries romanes du XIIe siècle et deux galeries gothiques des XVe et XVIe siècles forment un ensemble remarquable qui contraste avec la rigueur de l'esthétique cistercienne. Les grands cloîtres clunisiens se caractérisent plutôt par la richesse du décor en statues isolées, hauts-reliefs ou groupes sculptés : ainsi, à Saint-Trophime, la Flagellation du Christ ou l'Incrédulité de Saint Thomas confirment cette tendance.

MARSEILLE

L'origine de Marseille remonte aux importants mouvements de migration qui secouèrent jadis la Grèce. Beaucoup émigrèrent vers les comptoirs prospères des rives d'Asie Mineure, comme les Phocidiens qui créèrent Phocée. A leur tour, leurs descendants repartirent à la conquête d'autres terres et c'est ainsi que des navires phocéens atteignirent l'embouchure du Rhône.

La légende dit qu'ils accostèrent le jour où le maître des lieux, le roi ligure, mariait sa fille, Gyptis. L'homme élu était simplement celui à qui la jeune fille choisissait de tendre sa coupe. Gyptis la proposa à Protis, le chef des Phocéens, tout juste arrivé. La dot de Gyptis était la colline qui abrite aujourd'hui Notre-Dame-de-la-Garde.

Massilia était fondée. La petite cité allait devenir un port grec étonnamment florissant. De là, certains reprirent le virus de l'exploration et l'on dit qu'ils atteignirent aussi bien Thulé que le Sénégal. Ceux qui restèrent, aussi bons marins qu'agriculteurs, développaient la culture de la vigne et de l'olivier et leurs œuvres de colonisateurs le long du Rhône.

Mais très vite, ils se heurtèrent aux Romains qu'ils avaient d'abord appelés pour combattre l'envahisseur celte. Et là ils commirent une bévue en préférant Pompée à César qui, une fois victorieux, se vengea cruellement en assiégeant la population et annihila la puissance de la cité.

Le port ne retrouvera un certain pouvoir que lors des Croisades. Colbert en fera un port franc, mais aussi le lieu du rassemblement des galériens en partance.

La situation de port comporte également des risques : en 1348, la peste noire avait tué seize mille personnes. En 1720, un navire venu du Moyen Orient fit escale à Marseille : il transportait des marchandises et... des pestiférés. Les marchands obtinrent la levée de la quarantaine pour écouler la marchandise, les rats étaient contaminés et Marseille perdit près de la moitié de ses 100 000 habitants. Mais très vite les Marseillais reprennent le dessus. En 1765, la population de 1720 est reconstituée et la cité phocéenne est à nouveau une puissance économique. Le commerce et l'industrie, extraordinairement prospères, permettent l'établissement de fortunes considérables.

Les Marseillais accueillent chaleureusement la Révolution, en méridionaux prompts à se passionner. Un groupe prend la route de Paris pour participer aux événements de 1792. Ils ont en poche le chant d'un Strasbourgeois, Rouget de Lisle, "le chant pour l'armée du Rhin".

Volubiles, ils le chantent en chemin, les foules le reprennent avec eux et baptisent cet hymne "La Marseillaise".

Mais les années qui suivent s'avèrent difficiles car le blocus continental gèle les activités du port de Marseille. Il fallut alors attendre le percement du canal de Suez en 1869 et l'expansion coloniale pour que Marseille retrouve sa prépondérance. De tous les continents, les marchandises affluent, attirant un volume d'activité exceptionnel. Marseille est alors la seconde ville de France et le premier port de commerce français.

"Marseille avec ses barques peintes, où les marchands de poisson savent les chansons des cinq parties du monde" présente l'un des plus beaux exemples de brassage, tant en hommes qu'en marchandises. Le Corbusier, passionné par les problèmes de concentration urbaine, y a implanté sa "Cité radieuse".

L'aménagement de l'étang de Berre et de Fos-sur-Mer donnent en outre une dimension industrielle à la cité. Aujourd'hui, certains éprouvent cependant la nostalgie d'un Pagnol pour évoquer à nouveau la poésie du Vieux Port.

LA CÔTE D'AZUR

En 1731, l'abbé Prévost publie Manon Lescaut, Louis XV a seize ans et un lord anglais décide de quitter les brouillards de son île pour passer l'hiver à Nice. La douceur du climat séduit tant Lord Cavendish et sa femme qu'ils décident de revenir chaque hiver. La région les séduit au point qu'ils en parlent avec passion à chaque fois qu'ils regagnent leur île. Leurs riches amis ou relations se laissent gagner par l'enthousiasme et, à la veille de la Révolution, plus de cent dix familles viennent de toute l'Europe, chaque année, inverser le rituel des saisons car ces rivages ne connaissent pas l'hiver. Chaque matin, le soleil est là, derrière les volets. Pour un Russe ou un Anglais, cet état de fait est un avantage inestimable. Ils se regroupent le long du petit sentier qui borde la grève, tout autour de la baie des Anges. L'endroit s'appellera un jour la Promenade des Anglais. En France, la Révolution gronde, mais c'est de l'autre côté de la rivière, le Var. Cet événement perturbera quand même Nice car le général Masséna, un enfant du pays, fait partie des proches de Napoléon et le rattachement de Nice à la France impériale paraît moins surprenant. Jusqu'en 1814 où le royaume de Savoie et de Sardaigne la récupère.

En 1834, une épidémie de choléra interdit au chancelier d'Angleterre, hôte fidèle, de reprendre ses habitudes. Il ne rejoint pas pour autant la brumeuse Angleterre et s'installe un peu plus loin, à Cannes. Il est séduit par ce petit port de pêche et, comme Lord Cavendish un siècle plus tôt, le fait généreusement savoir à ses amis qui, à leur tour, viennent. Une nouvelle station est née. La découverte du chemin de fer va achever la divulgation du site privilégié.

En 1860, les Niçois plébiscitent leur rattachement au Second Empire. La France regarde avec intérêt cette nouvelle province vers laquelle converge une clientèle cosmopolite et aisée décidée à faire de son lieu de villégiature un site incontestablement superbe. De partout surgissent des palaces, de somptueuses villas. Monaco ouvre un casino. Le tsar Nicolas II fait édifier une merveilleuse cathédrale orthodoxe en brique ocre et rose car les riverains de la Néva affectionnent particulièrement cette contrée au paysage luxuriant.

La Côte d'Azur aurait-elle une vocation de pionnière ? Serait-elle une terre d'avant-garde, au sens le plus positif du terme ? Elle fut la première à connaître et à développer le tourisme, phénomène qui a connu une telle extension ces dernières années qu'il est à présent la ressource la plus substantielle de certains pays et une activité à part entière, alors que pour les pays les plus riches, il ne constitue qu'une branche lucrative d'une économie prospère. Mais ce serait faire injure à cette région que de limiter son histoire à l'épopée du tourisme. La Côte d'Azur est, sans doute, l'une des premières régions de la planète à avoir été habitée. Témoin, la vallée des Merveilles et le mont Bégo aujourd'hui à l'abri dans le Parc national du Mercantour. Les milliers de gravures rupestres y témoignent d'un habitat que certains estiment antérieur aux plus anciens sites de Chine.

L'histoire officielle commence à Nice, capitale actuelle de la région, avec les Ligures. Puis arrivent les colons grecs de Marseille qui baptisent le site Nikaïa, la victorieuse. Au IVᵉ siècle avant J.-C., Nikaïa est un comptoir prospère qui voit transiter chaque jour un important volume de marchandises.

Les Romains, au faîte de leur élan colonisateur, ne peuvent laisser un tel site leur échapper, mais ils préféreront arriver par la terre, plus discrètement qu'en lâchant leur flotte dans le port. Et ils laisseront par la suite, dans les montagnes de l'arrière-pays, le célèbre trophée des Alpes à la Turbie : cette colossale construction mesurait 50 mètres de haut pour 38 mètres de côté.

ÈZE

Avec sa végétation luxuriante, escarpée, le dédale de ses rues moyenâgeuses, Eze constitue l'un des plus intéressants exemples de village forfifié transformé, aujourd'hui, en site touristique intelligemment rénové.

SAINT-PAUL-DE-VENCE

A vingt kilomètres de la côte niçoise, le village de Saint-Paul-de-Vence, construit sur un piton rocheux entre deux petites vallées aux pentes couvertes d'arbres fruitiers et de cultures florales colorées, domine un paysage enchanteur. Depuis le début du siècle, ce bourg très pittoresque passe pour être le refuge préféré et le rendez-vous réputé de nombreux artistes, peintres et écrivains. Le mur de fortifications élevé autour du village au XVIe siècle est resté intact.

Puis la région connaîtra le lot classique de l'épopée du premier millénaire : la christianisation qui se manifeste ici par l'édification de nombreux monastères puis les invasions barbares avec les Wisigoths, les Burgondes, les Francs, les Sarrasins particulièrement destructeurs qui se fixent finalement dans le massif des Maures.

Par le jeu des successions et des mariages, la Provence passe sous la coupe du Saint Empire mais l'éloignement géographique du comté de Provence laisse à ses dirigeants une grande autonomie pendant quatre siècles. Nice, après beaucoup de tractations passera ensuite à la Savoie qui la conservera jusqu'en 1860, mis à part l'intermède napoléonien.

La Côte d'Azur est donc la dernière région à avoir été rattachée à la France. Mais elle est de loin la région la plus spectaculaire avec son climat très ensoleillé et son relief tourmenté.

Sur son sol triomphent les palmiers et les palaces, les instituts de technologie et les foyers de retraite. Cette région connaît les affres de la spéculation, les aspérités du béton, mais elle a aussi su conserver les traditions de son arrière-pays unique au monde.

En effet, l'urbanisation galopante qu'ont connu ces dernières années le Var et les Alpes Maritimes pourraient représenter une menace sérieuse pour l'écologie. Les villes de la côte méditerranéenne se sont à ce point développées que la "Riviera" ne forme plus qu'une agglomération de 950.000 habitants en hiver et de plus de 7.000.000 l'été.

Parallèlement, et fait inattendu par son ampleur, cette bande de terre, naguère symbole d'oisiveté et de farniente découvre les affres et les vertus de la croissance.

On ne sait pas si c'est la démographie qui en est la cause ou la conséquence. Toutefois, son taux de croissance, soit 4,50 %, y est deux fois supérieur à la moyenne française.

De plus, la population de la Côte d'Azur contrairement à ce que l'on pourrait croire, rajeunit. Plus d'un quart de sa population a moins de 25 ans.

Sur le plan de la croissance économique, c'est l'industrie informatique et la recherche technologique qui tiennent le premier plan avec un C.A. annuel de plus de 25 milliards de francs, devant le tourisme. La revanche du Sud triomphe grâce à l'arme du soleil. La Côte d'Azur a su attirer les instituts de recherche les plus sophistiqués, tels ceux de Digital Equipements, de Texas Instruments et, aussi bien sûr, ceux d'IBM à La Gaude, et cela au milieu des pinèdes, dans le sillage de Sophia Antipolis.

Ces centres recrutent des ingénieurs de très haut niveau et reçoivent des offres de service des quatre coins de l'Europe.

La Côte d'Azur regarde avec intérêt le modèle américain que représente la Californie. Mais son destin sera-t-il de conjuguer sur tous les points le dynamisme de la Silicon Valley et la richesse intellectuelle de Berkeley avec l'opulence de Las Vegas ?

Les casinos de la région n'ont rien à envier a ceux de la Côte Pacifique en ce qui concerne la richesse de leurs joueurs. L'argent y coule à flots. Ces revenus ajoutés aux économies des retraités ont permis aux banques de la Côte d'Azur de constituer de substantielles réserves. Les soixante banques des deux départements ont plus de 65 milliards de francs de dépôt à leur disposition.

Le paradoxe du succès économique de cette région risque de voir la ville de Nice, qui est indiscutablement le phare de la Côte d'Azur, prendre ses distances vis-à-vis de sa rivale Marseille dont la prospérité économique ne connaît pas le même bonheur.

La Côte d'Azur rattachée à la France, il y a juste un siècle, pourrait aspirer a vouloir devenir la Florence du XXIe siècle si les pouvoirs publics français ne lui donnaient pas les moyens d'être pleinement la Californie française.

LA CORSE

Point de passage stratégique, "l'île de beauté" fut de tout temps convoitée par les grandes puissances pour des raisons commerciales ou militaires. Les Phéniciens, et les Phocéens, Grecs d'Asie Mineure, fondèrent des comptoirs en Corse. Puis les Etrusques, les Syracusains, les Carthaginois tentèrent de s'établir sur les côtes. Au IIIe siècle avant J.-C., les Romains se lancèrent à la conquête de l'île : il leur fallut cent ans pour vaincre la farouche résistance des tribus de l'intérieur.

Après six siècles de "paix romaine", les Vandales et les Ostrogoths déferlèrent sur la Corse et la ravagèrent. L'île passa ensuite sous la domination de l'Empire byzantin pendant deux siècles. Puis elle fut envahie par les Lombards. En 754, Pépin le Bref reconnut la suzeraineté du Saint-Siège sur l'île mais cette protection ne peut empêcher l'installation des Sarrasins sur les côtes, au IXe siècle, qui obligea les habitants à se réfugier dans les montagnes.

Les seigneurs insulaires guerroyaient sans cesse entre eux, répandant partout la misère et l'anarchie. Pour mettre fin à cette situation, le pape Grégoire VII, en 1077, confia l'administration de la Corse à l'évêque de Pise : en fait, l'île tomba sous la domination de la République pisane et connut une période de prospérité.

Mais la grande rivale de Pise, la République de Gênes, obtint du pape l'autorité sur quelques évêchés corses… Peu à peu les Génois s'infiltrèrent et entrèrent en lutte contre les Pisans. En 1284, Gênes avait établi sa domination sur l'île. Celle-ci devait durer cinq siècles malgré l'opposition constante des Corses qui, cependant, affaiblis par des luttes intestines, ne parvinrent pas à s'unir pour combattre l'ennemi commun.

A peine installés, les Génois entrèrent en conflit avec le roi Jacques II d'Aragon, mandaté par le pape Boniface VIII pour récupérer l'île. Après sa victoire, Gênes se livra à une véritable exploitation de la Corse par l'intermédiaire de la Maona, société de commerçants et d'armateurs génois. En 1348, la peste ravagea l'île, décimant un tiers de la population. Les Génois consolidèrent la défense de l'île en construisant sur ses côtes de nombreuses citadelles et tours de guet.

En 1553, Sampiero Corso, qui avait vaillamment combattu au service de François Ier et de Henri II, réussit à faire valoir auprès de celui-ci l'intérêt stratégique de la Corse. Il gagna les chefs de l'île à la cause française. Alors les Français s'allièrent à un corsaire turc pour prendre pied près de Bastia et, en 1557, ils déclarèrent la Corse rattachée à la France. Mais, en 1559, le traité de Cateau-Cambrésis restituait l'île aux Génois. Sampiero reprit la lutte avec acharnement : il finit traîtreusement assassiné par les Génois, entrant dans la légende corse comme héros national.

La guerre d'Indépendance commença par une révolte paysanne contre l'impôt, en 1729. Le mouvement se structura et élut deux chefs : Andrea Ceccaldi et Louis Giafferi. En 1735, les Corses établirent une constitution et se proclamèrent indépendants, avec, à leur tête, un triumvirat composé de Ceccaldi, Giafferi et Hyacinthe Paoli. En 1736, la "Révolution corse" eut un intermède loufoque : un aventurier de Cologne, Théodore de Neuhoff, parvint à se faire couronner roi de Corse, comptant Giafferi et Paoli parmi ses ministres. Mais il dut s'enfuir avant la fin de l'année.

Devant l'ampleur du mouvement la République de Gênes se décida à quérir l'aide de la France. Mais les envoyés de Louis XV, plutôt que de faire appel à la force des armes, cherchèrent à pacifier les esprits, et gagnèrent ainsi à la

France de nombreux partisans, comme Pierre Gaffori qui, en 1745, reprit la guerre contre les Génois. Après l'assassinat de Gaffori, Pascal Paoli, fils de l'ancien triumvir, fut proclamé "général de la Nation" en 1755. Il organisa l'île dont il parvint, en 1764, à posséder la majeure partie. Il refusa de traiter avec la France que Gênes avait encore chargée d'une mission de conciliation. Par le traité de Versailles, en 1768, Gênes transféra ses droits sur l'île à la France : Paoli poursuivit sa lutte, contre les Français désormais, fut battu à Pontenuovo et exilé. Le rattachement à la France se fit alors progressivement jusqu'en 1789 où l'Assemblée Constituante déclara la Corse "partie intégrante de l'Empire français". La France devait peu après se donner pour empereur un enfant de l'île : Napoléon Bonaparte.

Selon Paul Valéry la "capitale pittoresque" de la Corse est le port de Bonifacio, situé à la pointe sud de l'île. L'histoire de ce bourg remonte à la plus haute antiquité et la légende en fait le cadre de l'épisode homérique opposant Ulysse aux géants Lestrygons qui broyèrent sa flotte. Les habitants semblent avoir longtemps vécu de piraterie : leur repaire était inexpugnable. Mais, un jour de 1187, les pirates fêtaient un mariage et l'excès de boisson les perdit : les Génois s'emparèrent de la ville et y installèrent des colons.

L'arrivée par mer dans le port de Bonifacio permet d'admirer la splendeur du site et le chenal bordé de hautes falaises de calcaire à la base rongée par les vagues. La vieille ville, perchée sur un étroit promontoire, abrite derrière des fortifications ses maisons serrées les unes contre les autres.

Ajaccio, située au fond d'un golfe de la côte occidentale, fut édifiée sur les restes d'un camp romain mais ses habitants préfèrent croire qu'elle a été fondée par Ajax, héros de la guerre de Troie. La ville fut détruite par les Maures puis reconstruite. Elle fut peuplée de colons génois jusqu'en 1553. Cité qui vit naître Napoléon, "l'enfant prodigue de la gloire" selon l'hymne local "l'Ajaccienne", elle conserve partout le souvenir de l'empereur.

Bastia se trouve sur la côte est, au pied de la péninsule du cap Corse. Les Génois, cherchant un site assez septentrional pour faciliter les contacts avec leur patrie, choisirent un petit village au port protégé par un rocher. Ils y construisirent en 1380 un donjon ou bastille, en italien "bastiglia", terme qui donna plus tard son nom à la ville. Ils entourèrent de remparts ce quartier qui devint celui de Terra Nueva, le port prenant alors le nom de Terra Vecchia.

Plus que par ses villes, la Corse attire les visiteurs par la beauté de ses côtes sauvages et escarpées dont certains sites sont de toute beauté, comme celui des calanques de Piana, dont Maupassant a pu dire : "des rochers (...) étranges (...) rongés par le temps, sanglants sous les derniers feux du crépuscule et prenant toutes les formes, comme un peuple fantastique de conte féérique, pétrifié par quelque pouvoir surnaturel".

Les rivages corses sont la conséquence d'une autre réalité, la montagne. Ce sont ses nombreux massifs qui, en se jetant brutalement dans une mer très bleue, ont créé ses paysages fantastiques.

Les massifs montagneux qui s'élèvent du nord au sud de l'île rendent très difficile sa traversée d'est en ouest. Et, dans les petits villages perchés, à la terrasse d'un café, bercé par la liqueur de cédratine, le visiteur comprend plus aisément l'attachement viscéral du Corse à sa terre. La nature y est pure, superbe et les couleurs et les odeurs de la flore très variée emplissent l'atmosphère d'une sérénité particulière.

A l'intérieur, les agglomérations ont conservé le côté rude des populations montagneuses que la situation méridionale de l'île assouplit cependant. La gastronomie corse traduit assez bien l'influence de ses régions montagneuses : le bruccio, fromage de brebis, la charcuterie au goût très pur, les plats à base de gibier, l'huile d'olive, les figues, prouvent que, même dans la vie quotidienne, la Corse est heureuse de prouver son autonomie.

CARCASSONNE

Située entre Aquitaine et Languedoc, la ville de Carcassonne est au carrefour des routes entre la Méditerranée et la région toulousaine. La rivière de l'Aude divise la ville en deux zones : sur la rive gauche se trouve la ville basse qui s'est étendue autour du bourg du XIIIe siècle, sur la rive droite se dresse la Cité dont le bourg médiéval s'abrite derrière un ensemble de fortifications élevées à l'époque gallo-romaine, sous Saint Louis et sous Philippe III le Hardi.

Dès le Ier siècle de notre ère, les Romains établirent sur les hauteurs de Carcassonne un camp retranché pour surveiller la voie d'Aquitaine. La cité passa aux mains des Wisigoths au Ve siècle. Après la conversion de ceux-ci au christianisme, un évêché s'y installa, en 589. La ville connut l'occupation arabe entre 725 et 759, puis, au VIIIe siècle, elle fut conquise par les Francs.

Dès lors elle devint capitale d'un comté, ensuite d'une vicomté dont le suzerain était le comte de Toulouse. Au XIIe siècle, l'hérésie cathare se répandit en Languedoc.

A la tête de la nouvelle Eglise se trouvaient les évêques d'Albi, de Toulouse, de Carcassonne et d'Agen. Le pape Innocent III entra en lutte contre les Cathares et, ne pouvant détruire l'hérésie au moyen de prédications, d'excommunications et d'interdits jetés sur la région, il suscita la Croisade des Albigeois.

Les croisés, gens du nord en majorité, après avoir pillé Béziers et massacré ses habitants, se lancèrent à l'assaut de Carcassonne, le Ier août 1209. Malgré la vaillante défense menée par le vicomte Raymond-Roger Trencavel, la cité tomba en quinze jours par manque d'eau. Simon de Monfort, promu chef de la croisade, s'empara alors de la vicomté de Trencavel et fit emprisonner le vicomte dans une tour, où on le trouva mort peu après.

En 1240, le fils de Trencavel mit le siège devant Carcassonne pour reconquérir la vicomté. Il échoua, battu par une armée royale. Saint Louis fit expulser les habitants de la cité et les condamna à sept ans d'exil après lesquels il leur donna la possibilité de bâtir une ville basse, le "bourg", sur la rive opposée de l'Aude. Il renforça la Cité. Son fils, Philippe III le Hardi, poursuivit son œuvre. Jusqu'au XVIe siècle, Carcassonne garda son rôle de place-forte monarchique et cléricale. Cependant elle ne tarda pas à être éclipsée par Perpignan.

En 1844, avec Viollet-le-Duc, on entreprit la restauration de la Cité, qui apparaît encore aujourd'hui comme la plus grande forteresse d'Europe.

L'entrée principale de la Cité est la Porte Narbonnaise : les deux tours Narbonnaises se dressent de part et d'autre de la porte ; elles sont précédées d'une barbacane à meurtrières et d'un châtelet à créneaux que Philippe III le Hardi fit construire sur le pont franchissant le fossé.

Le château Comtal, adossé à l'enceinte gallo-romaine, est une véritable citadelle, entourée depuis Saint Louis d'un grand fossé et d'une barbacane en demi-lune. Il est flanqué de la Tour de la Justice, où se réfugièrent les Trencavel et le comte de Toulouse pour échapper à Simon de Montfort. Le rempart Ouest comporte aussi la Tour de l'Inquisition et la Tour Carrée de l'Evêque, construite à cheval sur les lices.

La Cité est protégée par une double enceinte. On appelle lices l'intervalle compris entre l'enceinte intérieure, comportant vingt-quatre tours, et l'enceinte extérieure, datant de Saint Louis, qui compte quatorze tours. On accède aux lices par la Porte d'Aude, défendue par des châtelets, et par la Tour Saint-Nazaire protégeant la basilique du même nom.

MONTSÉGUR

Pour le voyageur étourdi ou ignorant, ces quelques ruines perchées sur un piton rocheux à 1200 mètres d'altitude semblent les restes d'un château médiéval comme un autre. Mais dès que l'on sait qu'il s'agit de Montségur, ces pierres prennent presque vie tant la mémoire est forte à Montségur.

D'abord, on regarde attentivement la situation de ce que fut le château et l'on imagine la chaleur torride qui devait régner entre les murs de cette forteresse quand on voit l'aridité de la plaine languedocienne environnante. En hiver, au contraire, rien n'arrêtait le vent glacial. Et si l'on a la chance d'en faire aujourd'hui l'ascension par une de ces journées d'été où le thermomètre s'affole, l'on se demande comment cinq cents personnes ont pu tenir assiégées du 12 juillet 1243 au 16 mars 1244, date de leur fin tragique.

Le château méritait cependant bien sa réputation de forteresse imprenable. Il fut construit au début du XIIIe siècle sur les restes d'une première forteresse. Une centaine d'hommes y vivait sous le commandement de Pierre-Roger de Mirepoix ; à l'extérieur, vivait une petite colonie de Parfaits.

Le refuge perdit vite sa tranquillité car Mirepoix eut l'idée fatale d'aller massacrer à Avignonet les membres du tribunal de l'Inquisition. La riposte du clergé fut immédiate : près de dix mille hommes encerclèrent Montségur pour venger les victimes des Cathares. Parmi eux, il n'y avait pas que des soldats, mais aussi des montagnards, car l'équipement militaire permettait difficilement une telle escalade. L'un des côtés de la forteresse étant aveugle, les assiégés ne purent donc pas voir la progression des assaillants qui parvinrent à se hisser sur le plateau, à l'est, après avoir monté pièce par pièce un redoutable trébuchet qui permit de percer la muraille du château et d'envoyer des projectiles sur les assiégés qui n'avaient aucun moyen de fuir. Malgré tout, les Cathares tinrent quelques semaines mais se voyant perdu, Pierre de Mirepoix offrit sa reddition en échange de la vie sauve pour ses soldats.

Les Parfaits qui avaient cru trouver un abri à Montségur ne font pas partie du marchandage, ils attendent, sans espoir. Du 1er au 15 mars, une trêve est déclarée. Ceux qui abjurent auront la vie sauve. Le 16 mars, plus de deux cents Parfaits se rendent, refusant catégoriquement de renier leur foi. Après huit mois de siège, ce sont deux cents misérables êtres, épuisés, squelettiques que l'on enchaîne. Ils descendent de Montségur vers les bûchers du Prat des Cremats (champ des brûlés vifs) que l'on a allumés pour eux. Leur quiétude fascine leurs bourreaux.

L'une des pages les plus noires du catharisme vient d'avoir lieu, elle alimentera longtemps les passions et les mystères qui demeurent encore aujourd'hui autour des Cathares.

Une légende dit que les réfugiés de Montségur étaient en possession du fameux trésor cathare et que les deux seuls rescapés l'auraient emporté avec eux. Nombreuses sont les controverses à ce sujet. Existait-il un trésor cathare et, si oui, quel était sa nature ? Aujourd'hui encore, nul ne peut dire s'il y eut un trésor cathare, s'il s'agissait de pièces d'or, de textes sacrés ou, encore de la célèbre coupe du Graal, riche du sang de Jésus-Christ sur la croix.

L'année suivante, le roi de France accorda au nouveau seigneur de Mirepoix, Guy de Levis, de reconstruire son château après lui avoir fait jurer fidélité car Montségur constituait un excellent poste d'observation sur la route qui menait au-delà des Pyrénées.

La résistance de Montségur avait été d'autant plus symbolique qu'elle devait constituer la dernière place-forte des Cathares.

LE CHÂTEAU

Bâti pour servir de forteresse et de demeure seigneuriale, Montségur représente le type même du château cathare, ou de ce qu'il en reste. Démoli et reconstruit à plusieurs reprises, il n'a pas cependant résisté au temps.

ALBI

La silhouette rouge de la cathédrale Sainte-Cécile s'intègre merveilleusement à la cité d'Albi la Rouge qu'elle semble protéger. Austère, ramassée sur elle-même, plus forteresse que lieu saint avec ses murs de brique rouge, cette cathédrale présente ainsi une contradiction totale entre sa sobriété extérieure et la richesse de sa décoration intérieure.

Le bâtiment dont Bernard de Castanet entreprend la construction en 1282 est un symbole, celui du retour d'Albi à la paix papale. Mais comme les troubles sont récents, par prudence, on lui donne des allures de forteresse. Car, à cette date, Albi se remet à peine des événements dont elle a pris la tête. Albi fut la première ville à accueillir les Cathares : son évêque est très vite converti à la doctrine hérétique, bien que ce fût Albi qu'Innocent III ait choisie comme première ville à convertir par le célèbre prédicateur Dominique de Guzman, futur saint Dominique.

La résistance farouche de ses habitants déchaîne la célèbre croisade des Albigeois : le pape délègue ses représentants pour ramener les Albigeois dans l'orbite romaine. L'assassinat de son légat, Pierre de Castelnau, déclenche l'irrémédiable : au nom de Dieu, les Croisés partent ramener les Albigeois à la raison, le fer et le feu à la main. Simon de Montfort est le chef de cette croisade d'une cruauté inouïe. Puis la papauté restaure la paix avec les horreurs de l'Inquisition. A la fin du siècle, la construction de la cathédrale matérialise fortement la volonté du clergé enfin rétabli dans ses prérogatives. L'essentiel de sa construction dura un siècle mais elle bénéficia par la suite de nombreux enrichissements.

Le seul point de convergence entre l'extérieur et l'intérieur du bâtiment semble être l'impression de vaisseau qui en émane, vaisseau défensif au-dehors, vaisseau incroyablement riche en ornements au-dedans. La nef, sans transept, immense, voûtée d'ogives est divisée en deux parts égales par un jubé, superbe témoignage de l'art flamboyant. Le travail de la pierre évoque celui de la dentelle. La richesse de l'inspiration semble égaler la maîtrise des techniques. Jadis, près de quatre-vingts statues de pierre peinte entouraient la façade du jubé : la Révolution n'en a épargné que quelques-unes. Au niveau du chœur, plusieurs dizaines de statues de pierre figurent des prophètes et des apôtres.

Les fresques de la voûte forcent l'admiration : sur un fond d'azur, des artistes du XVIe siècle mais formés par leurs pères du Quattrocento, originaires de Bologne, ont représenté au plafond des douze travées des scènes de l'Ancien et du Nouveau Testament. Ces fresques murales de la façade Ouest, celles du Couchant, consacrées en toute logique au Jugement dernier, sont d'inspiration française et datent de la fin du XVe siècle.

Albi s'enorgueillit également d'être la patrie de Toulouse-Lautrec ; la collection léguée par sa famille au musée est très importante et permet une superbe promenade dans l'univers tourmenté et bariolé du peintre.

Mais Albi ne se limite pas à ces deux pôles d'attraction. Le Palais de La Berbie qui abrite les œuvres du peintre témoigne de l'importance de la cité sur le plan architectural.

Dans le vieil Albi nombreux sont les témoignages du passé prospère de la cité. Tout au long des ruelles en lacets, des façades médiévales et des hôtels Renaissance où toujours se retrouve, pour le plus heureux effet, l'alliance de la pierre et de la brique, font l'orgueil des Albigeois. Et, au soleil couchant, la beauté de leur vieille cité coincée entre la cathédrale et le pont sur le Tarn constitue l'un des plus beaux exemples d'architecture régionale.

SAINTE-CÉCILE

Peu de bâtiments offrent autant de contrastes que la cathédrale Sainte-Cécile : l'austère forteresse de brique rouge laisse peu supposer le chatoiement et la richesse de la décoration intérieure. Surplombant la merveilleuse statuaire du chœur et le jubé, tout en dentelle de bois, la voûte déroule les scènes de l'Ancien Testament dans une extraordinaire symphonie de couleurs où dominent l'or, le bleu et le gris.

TOULOUSE

Toulouse représente certainement l'une des villes au pouvoir évocateur le plus fort. En la comparant à Rome tout en y pressentant déjà l'Espagne, Stendhal marquait la façon très particulière que Toulouse a d'être à la fois latine et occitane. Forte d'un passé riche tout en étant tournée vers l'avenir qui, pour elle s'appela d'abord aéronautique et aujourd'hui change de planète puisque c'est à Toulouse qu'est conçu tout ce qui vole, Airbus, Concorde, mais aussi les fusées Ariane et Hermès... Toulouse se développe à une vitesse étonnante.

Sa population active, la plus jeune de France, lui prédit en outre un superbe XXIe siècle. Mais peut-être l'aura particulière dont jouit cette ville s'explique-t-elle d'abord par son histoire.

Au départ, Toulouse est la capitale des Volques Tectosages mais les Romains l'intègrent à la province dont Narbonne est la capitale. Bientôt, ils remarquent sa situation privilégiée sur les rives de la Garonne, au cœur d'une plaine qui permet aisément les communications, à mi-chemin entre l'Atlantique et la Méditerranée. Toulouse devient alors la quatrième ville de l'Occident romain, c'est un nœud économique et un carrefour intellectuel que chantent les poètes Martial et Ausone. Les chrétiens eux aussi s'intéressent à Toulouse. Le premier évêque de Toulouse y est martyrisé en 250 et les Toulousains élèvent en son honneur une basilique qui sera l'un des plus grands lieux de pèlerinage de la chrétienté.

En 413, Toulouse retrouve son rang de capitale avec l'invasion des Wisigoths dont le royaume s'étend d'Orléans à Gibraltar. Au VIIIe siècle, les Sarrasins mettent fin au royaume wisigoth d'Espagne mais Charlemagne, en les repoussant, érige Toulouse en comté. Une fois l'empire de Charlemagne disloqué, Toulouse redevient la métropole d'une Occitanie qui va resplendir pendant quatre siècles. Son éloignement géographique du royaume franc laisse à ses gouverneurs une grande liberté de gestion. Le comte de Toulouse est assisté des célèbres capitouls qui siègent au Capitole : ils sont choisis parmi la bourgeoisie aisée pour administrer les finances et la justice et chaque capitoul a la responsabilité d'un quartier. Suivant les époques, leur nombre varie de quatre à vingt-quatre ; leur charge est anoblissante. Ce sont eux également qui traitent avec les seigneurs des alentours.

Le comté de Toulouse jouxte à l'ouest les terres du duc d'Aquitaine et à l'est celles du comte de Provence. C'est un état prospère et assez libre, si libéral du reste qu'il a laissé un certain Nicetas, évêque bogomile de Constantinople, venir présider en 1167, près de Toulouse, un concile cathare. Bogomile signifie "ami de Dieu" en bulgare ; c'est en effet en Bulgarie que ce mouvement a pris très vite un essor considérable. Le "bogomilisme" y naquit au XIe siècle. Il s'agit d'une doctrine inspirée de Mani ; l'église manichéenne assimilait toutes les religions (du bouddhisme au christianisme en passant, entre autres, par le judaïsme et le mazdéisme).

On peut juger de l'essor de ce mouvement en imaginant les efforts que nécessitait à l'époque le déplacement d'un évêque de Constantinople en rupture avec ses chefs jusqu'aux terres du comte de Toulouse.

Son succès est immense, ses adeptes prennent le nom de Cathare (du grec, pur). Ils manifestent ainsi leur désapprobation des mœurs trop libres du clergé. Leur doctrine prône l'ascétisme : le corps, matière, représente le Mal, il faut donc s'en libérer pour arriver au Bien qui est l'esprit. Il y a les Parfaits (ascètes) et les Croyants, simples fidèles.

La papauté s'inquiète rapidement de l'ampleur du mouvement car des pro-

blèmes matériels ne tardent pas à surgir : les biens du clergé sont menacés. Les vassaux du comte et le comte lui-même semblent s'être intéressés de très près aux propriétés du clergé. Dominique d'Orsea, futur saint Dominique, tenta de ramener au bercail la région qui allait à la dérive. Mais les seigneurs sympathisaient avec ce mouvement et l'on dit que la sœur de Raymond VI était elle-même une Parfaite. Le Pape Innocent III excommunia le comte. Les hostilités étaient déclenchées. Le premier siège de Toulouse eut lieu en 1211. Simon de Montfort, catholique ardent mais très sensible au pouvoir et aux biens de ce monde, s'oppose à Raymond VI. Il ne veut en aucun cas que le clergé perde cette région prospère. Il a déjà repris Carcassonne et n'a pas hésité à allumer les bûchers de Minerve et de Lavaur ; il marche maintenant sur Toulouse.

Mais les Toulousains, catholiques ou cathares, aiment leur comte et d'un même élan, repoussent brillamment les armées de Simon de Montfort, qui repart à l'attaque d'autres cités. Pierre II d'Aragon périt avec 15 000 de ses hommes massacrés ou noyés dans la Garonne. Toulouse, seule, résiste mais Simon de Montfort, fier de sa victoire, remercie Dieu et revient vers elle, dernier bastion à conquérir. Il entre dans la ville en juin 1215. Les Toulousains, terrorisés par les massacres opérés par les armées de Montfort, n'osent pas bouger. Mais, en novembre, la rumeur dit qu'au quatrième concile de Latran, le pape a dépossédé Raymond VI de Toulouse au profit de Montfort.

La population laisse exploser sa rage. Partout, au cri de "Toulouse, Toulouse", osant le tout pour le tout, on élève des barricades. Immédiatement, Montfort envoie ses hommes hache à la main dans les rues. De nombreux incendies se déclarent. Les Croisés ont gagné, les Toulousains, rassemblés par l'évêque Foulques qui prône la sagesse, se soumettent à Montfort. Toulouse est démantelée mais Raymond VI a pu s'enfuir. Simon de Montfort avait lui aussi quitté la ville qu'il croyait sûre. Erreur de jugement, puisque Raymond revient et sa présence galvanise les Toulousains qui ont remonté les fortifications de leur ville.

Et, très vite, Toulouse se redresse, devenant à nouveau une capitale intellectuelle.

Toulouse revit, la région est fertile, dans les châteaux, les "cours d'amour" se multiplient, les ruines du château de Puivert témoignent de la douceur de vivre au temps des troubadours. Mais c'est surtout à la Renaissance que Toulouse redémarre sur le plan économique. L'Hôtel d'Assezat illustre la richesse des Toulousains qui reposait en partie sur le pastel, délicate couleur bleu-vert obtenue à partir d'une plante de la région qui permettait une excellente teinture pour les tissus. Toulouse est une cité prospère et lorsque Louis XIV fait entreprendre la percée du Canal du Midi qui doit relier l'Atlantique à la Méditerranée, l'expansion économique de Toulouse est assurée.

Un événement malheureux place également Toulouse en première ligne : l'affaire Calas dont Voltaire fera rouvrir le procès. La Révolution échauffe l'esprit des Toulousains. Débatteurs, progressistes mais pacifiques, les jacobins de la Révolution y sont les ancêtres des célèbres Radicaux. Le Sud-Ouest occitan est la patrie des Radicaux de la Troisième République et la Dépêche du Midi constitue l'un des piliers de la vie politique de toute la région. Curieusement, Toulouse est la patrie des Radicaux, toujours symbolisés en bourgeois bons vivants, alors qu'elle fut longtemps celle des ascètes cathares.

Mais Toulouse doit aujourd'hui son avenir à l'initiative de Latécoère qui construisit là les avions Salmson de la Première Guerre mondiale. Le 25 décembre 1918, il relie Toulouse à Barcelone. Le 1er septembre 1919 a lieu la première liaison de l'aéropostale entre la France et le Maroc. Mai 1930 : Mermoz relie Toulouse au Brésil en passant par Dakar. Tous les regards convergent désormais sur les usines aéronautiques de Toulouse qui drainent aujourd'hui un secteur d'activités annexes de haut de gamme.

GAVARNIE

En plein cœur de la chaîne des Pyrénées, à la frontière de la France et de l'Espagne, le cirque de Gavarnie représente un superbe exemple de l'érosion et de la très vieille épopée du sol français.

De manière générale, les cirques glaciaires résultent de l'érosion provoquée par les glaciers depuis quelques millions d'années. Quelle que soit la taille, ils prennent la forme de niches creusées dans les versants montagneux. Les plus impressionnants, ceux-là même qui ont bénéficié de l'érosion simultanée de plusieurs glaciers à la fois, dessinent de larges amphithéâtres. Leur pourtour qui, à Gavarnie, atteint dix kilomètres est couronné de glaciers d'où s'écoulent une multitude de cascades.

La grande cascade, avec ses 423 mètres de chute, est la plus haute de France et sert de source au Gave de Pau, que, dans la région on appelle simplement "le Gave."

On suppose qu'il y a deux cent cinquante millions d'années, s'élevait là un massif hercynien comme dans le Massif Central, mais de très nombreuses secousses de l'écorce terrestre firent qu'à l'ère secondaire (il y a deux cent millions d'années), ces chaînes furent envahies de dépôts. Et elles ressentirent également les soubresauts du plissement alpin. Les massifs du secondaire se modelèrent sans se briser mais les massifs primaires éclatèrent littéralement, laissant échapper de puissantes sources thermales. Le cirque de Gavarnie remonte à cette ère secondaire où les fractions géologiques nous ont légué un site particulièrement grandiose.

Vaste amphithéâtre de dix kilomètres de circonférence, le cirque s'étale sur trois étages de gradins concentriques à une hauteur moyenne de mille cinq cents mètres, certains sommets atteignant trois mille mètres.

Le site est souvent surnommé "le chaos de Gavarnie". Sa dernière transformation remonterait à l'an 580 de notre ère : Grégoire de Tours mentionne un tremblement de terre qui aurait entraîné l'éboulement de tout un pan de montagne. Dans son *Voyage aux Pyrénées*, Hippolyte Taine évoque le cataclysme en rapprochant le récit de Grégoire de Tours de l'effondrement des montagnes de Courmélie.

Parmi les légendes, nombreuses, l'une attribue à l'épée de Roland une faille de 70 mètres de haut, dans la crête elle-même. Alfred de Vigny a trouvé sur ce site matière à un superbe poème : "*Le Cor*". Et il est vrai que l'ombre de Roland plane un peu partout dans le cirque de Gavarnie. Une trace en haut de la cime serait celle de son cheval lorsqu'il se trouva doté de forces que l'on dit fantastiques pour sauter au-dessus du vide. Bayard, le fameux cheval de Roland, avait selon certaines légendes été pourvu d'ailes fabuleuses puisqu'il aurait été un hipogriffe.

La vogue de ce lieu, liée bien évidemment à celle des Pyrénées, est due aux Romantiques qui affectionnaient particulièrement les sommets embrumés et grandioses. La plume de Victor Hugo s'attarda sur ce site : "C'est une montagne et une muraille tout à la fois ; c'est l'édifice le plus mystérieux du plus mystérieux des architectes ; c'est le colosseum de la nature : c'est Gavarnie".

Les cascades qui se faufilent entre les neiges, le soleil qui se réfléchit superbement sur les sommets mais qui l'été rend la vallée brûlante, les coupes abruptes des flancs calcaires offrent des images contrastées qui ne peuvent que séduire les amateurs de nature.

Plus de 800.000 spectateurs à pied, à cheval ou à dos d'âne contemplent chaque année ce spectacle unique.

LE CIRQUE

Le phénomène géologique qui a creusé la chaîne des Pyrénées au cirque de Gavarnie constitue l'un des principaux pôles d'attraction des Pyrénées en été. Le bruit des cascades et l'air très pur font du cirque de Gavarnie un site exceptionnel pour les amateurs de nature.

LA CÔTE BASQUE

SAINT-JEAN-DE-LUZ :
LA MAISON DE L'INFANTE

Avec sa silhouette rose et blanche, la maison de l'Infante, au centre du port, symbolise l'histoire de Saint-Jean-de-Luz. Elle fut construite pour le pirate Haraneder sous Louis XIII. Mais c'est le séjour qu'y fit l'infante Marie-Thérèse à son arrivée d'Espagne qui lui a valu sa célébrité.

HENDAYE : LA MAISON DE PIERRE LOTI

C'est dans cette maison typique du Pays Basque que Pierre Loti termina une existence passée à voyager. Officier de marine pendant quarante-deux ans, il fut nommé en fin de carrière à Hendaye. L'écrivain utilisa toujours les contrées qu'il avait parcourues comme arrière-plan à ses romans ; avec Ramuntcho, Pierre Loti nous entraîne naturellement au Pays Basque.

Le Pays Basque est aujourd'hui la région de France où les particularismes locaux sont les plus vifs. Sa population s'étend de part et d'autre de la frontière espagnole et, au-delà des Pyrénées, les revendications des Basques sont beaucoup plus virulentes.

En France, le Pays Basque a deux visages, celui d'une région montagneuse avec Saint-Jean-Pied-de-Port pour vieille capitale et celui d'un pays de mer avec des ports de commerce et des stations balnéaires élégantes. L'origine du peuple basque est l'une des plus mystérieuses qui soit. La langue aux sonorités très particulières (son rauque et mots très longs) est antérieure aux invasions indo-européennes et les ethnologues lui voient une origine caucasienne.

Les Vascons se sont initialement établis en Espagne puis ils ont franchi les Pyrénées. Le 15 août 778, ils ont attaqué l'arrière-garde de Charlemagne à la célèbre bataille de Roncevaux mais dans la chanson de Roland, on les a confondus avec les Sarrasins. Les combattants ont alors envahi la plaine en se mêlant à la population autochtone. La région colonisée est devenue la Gascogne, mais les Vascons qui étaient restés dans les Pyrénées ont maintenu un style de vie très autarcique. C'est à eux que l'on doit aujourd'hui la vivacité des traditions du pays basque. La langue, l'euskara, est le véhicule essentiel de leur particularisme.

La côte est par nature beaucoup plus tournée vers l'extérieur. En venant du nord, des immenses plages landaises, la côte Basque présente un changement géographique brutal. C'est là que la chaîne pyrénéenne se jette dans la mer, ce qui vaut à la région des paysages escarpés et superbes, où l'on retrouve entre les falaises abruptes le sable fin des plages de l'Atlantique. Mais la mer y est souvent dangereuse et les célèbres rouleaux de Biarritz qui rappellent ceux du Portugal et de l'Afrique ont valu à cette station déjà renommée au XIXe siècle d'évoluer et de devenir il y a quelques années la capitale du surf, exploitant, cette fois, une mode venue des Etats-Unis.

Les quatre villes principales de la côte Basque sont Bayonne, Hendaye, Biarritz et Saint-Jean-de-Luz. Bayonne qui bénéficia longtemps des avantages d'un port franc est aujourd'hui le centre économique et industriel de la région. C'est lors de l'entrevue de Bayonne en 1808 que le roi d'Espagne abdiqua en faveur de Napoléon. Bayonne a donné son nom à la baïonnette au XVIIe siècle : la ville avait alors une importante fabrication d'armes blanches.

Hendaye, à la frontière espagnole, est à la fois une agglomération urbaine et une station balnéaire. La côte, très sauvage, y est superbe : sur l'une de ses hauteurs trône le célèbre château d'Abbadie, construit par Viollet-le-Duc. C'est à sa situation de ville frontière qu'Hendaye doit d'avoir été le théâtre du contrat de mariage de Louis XIV avec l'infante Marie-Thérèse.

Biarritz et Saint-Jean-de-Luz sont les deux stations balnéaires de la côte Basque. Biarritz doit sa renommée à la comtesse de Montijo qui, dès 1838, vint y faire des séjours réguliers. Sa fille Eugénie, devenue impératrice des Français, fait à son tour découvrir le site à Napoléon III qui en fait bientôt un luxueux lieu de résidence. De toute part, une clientèle aisée et élégante accourt dans cette région éloignée : la côte Basque est lancée. Saint-Jean-de-Luz est à la fois un port de pêche et une station balnéaire. C'est dans l'église Saint-Jean-Baptiste qu'eut lieu le mariage de Louis XIV et de l'infante Marie-Thérèse. Cette église, la plus grande des églises basques, est d'une beauté saisissante. L'extérieur austère ne laisse en rien présager l'impression chaleureuse que l'on éprouve en franchissant le seuil : le chêne sombre des galeries latérales et du chœur, les fresques, sombres aussi, contrastent avec le retable étincelant d'or et le tout est superbe.

LES LANDES

La variété du littoral français représente l'une des raisons essentielles du tourisme estival. La France est le seul pays d'Europe à posséder des côtes sur trois mers et un océan. Seuls les rivages de la Méditérranée ne connaissent pas le sable fin mais ils ont tant d'autres attraits qu'on leur pardonne aisément leurs petits cailloux. La mer du Nord, la Manche et l'océan Atlantique bénéficient de superbes étendues de sable d'une blancheur et d'une finesse parfois surprenantes. L'océan Atlantique allie les avantages du sable fin et d'un climat tempéré, spécialement au sud de La Baule et, plus encore, au sud de l'estuaire de la Gironde.

La côte d'Argent s'étend de la pointe de Grave, au nord, jusqu'à Hossegor, au sud, où commence la côte Basque. C'est, en fait, une immense plage de sable, ponctuée d'étangs, longue de 230 kilomètres, bordée de dunes. Derrière ces montagnes de sable que l'on ne commence à fixer qu'à la fin du XVIIIᵉ siècle grâce aux recherches d'un ingénieur, Brémontier, s'étendaient jadis des plaines marécageuses et insalubres. Pour éviter de s'enfoncer dans ces terres spongieuses sont nées les célèbres échasses qui permettaient en même temps aux bergers de surveiller les alentours. Toute tentative d'agriculture échouait lamentablement mais, au XIXᵉ siècle, on trouve un nouveau système d'exploitation du sol et l'on se tourne alors vers les ressources de la forêt. La fortune des Landes dépasse bientôt toute espérance. Le chêne-liège et, surtout, le pin maritime, "l'arbre d'or", érigent l'ancienne zone marécageuse en une gigantesque forêt. Le pin possède un avantage considérable, une croissance exceptionnellement rapide : trente ans contre cent pour les autres arbres.

Les Landes deviennent alors le centre de la pâte à papier et dans la société papivore actuelle cette industrie ne peut qu'être appelée à connaître une forte croissance. La fabrication d'autres produits à base de résines et celle des meubles en font une région à l'économie solide. La forêt landaise est aussi un terrain de prédilection pour les chasseurs : les oiseaux migrateurs, palombes, grives, ortolans, leur fournissent un gibier de choix.

Dans cette longue côte rectiligne vient se loger une entaille : le bassin d'Arcachon. Ce sont les Bordelais qui créèrent la station au XIXᵉ siècle pour venir y goûter aux joies des bains de mer alors tout nouveaux. La réputation de la ville actuelle repose essentiellement sur ses huîtres. La production ostréicole, détruite au début du siècle par une maladie, s'est remarquablement rétablie depuis. Tout près, la célébrité locale, la dune du Pilat, dresse ses 114 mètres.

La station de Pilat, comme Le Touquet, Dinard, Bénodet, Saint-Jean-de-Luz pour les plus connues représentent des lieux de vacances traditionnels où des familles, de génération en génération, se retrouvent méthodiquement d'année en année. Les maisons datent généralement du début du siècle, elles ont été conçues pour une seule famille et aujourd'hui, à la troisième ou quatrième génération, le partage et la cohabitation posent parfois des problèmes. Aussi ce littoral préservé change-t-il progressivement et ces stations qui présentaient un visage très calme, chaque maison possédant un vaste terrain, se couvrent petit à petit d'immeubles résidentiels qui ôtent la notion de village à ces stations privilégiées.

Toute la côte est parsemée d'immenses plans d'eau. Hourtin, Lacanau, Cazaux, puis Biscarrosse, forment ce que l'on appelle la route des lacs. Plus au sud se trouvent d'autres étangs, de taille beaucoup plus réduite, qui offrent, outre des lieux de promenade agréable, toutes les possibilités de la pêche et des sports nautiques. Rivières et canaux font aussi la joie des amateurs de canoë.

SOULAC-SUR-MER

Cette petite station balnéaire se situe tout au nord de la côte d'Argent. Elle abrite une abbatiale au nom évocateur, la basilique Notre-Dame-de-la-Fin-des-Terres. Le vent et le sable sont ici des éléments presque autonomes. La basilique était à la fin du XVIIIᵉ siècle presque engloutie sous les sables. Nous voyons ici des criques sculptées par l'érosion.

LE PÉRIGORD

On le dit vert, blanc, noir ou pourpre. Vert, et c'est une vallée couverte de vergers. Blanc, ce sont les causses arides où s'encaissent des rivières sinueuses. Noires, les collines couronnées de chênes denses et sombres, où l'on se sent encore un peu celte. Pourpre, couleur du vin, l'une des facettes qui composent l'art de la table et l'art de vivre de cette région généreuse.

Pourtant, le Périgord des oies et des châteaux a connu des secousses rudes, au fil du temps.

La guerre de Cent Ans en fait l'un des terrains de la rivalité franco-anglaise, puis viennent les guerres de religion, et bien plus tard E. Le Roy y situe son roman *Jacquou le Croquant*, stigmatisant les difficultés des paysans modestes. C'est que le Périgord, par nature et par son histoire, est multiple.

Bien avant les Celtes, la douceur de son climat avait séduit Cro-Magnon, qui il y a 35 000 ans habitait déjà les rives calcaires de la Vézère et de la Dordogne. Les vestiges de cette lointaine parenté sont des plus attachants. Une centaine de gisements s'échelonne ici, en un immense champ d'investigation pour les chercheurs.

Lascaux est sans doute le plus connu, mais la plupart des appellations de ce domaine proviennent des Eyzies de Tayac. (Tayacien, de Tayac ; Magdalénien, de La Madeleine…)

Ces grottes recèlent les premières manifestations d'art et d'artisanat. Les artistes du bout des siècles ont su utiliser les formes de la roche pour suggérer le volume, jouant d'une palette de noir, ocre et rouge, pour fixer des moments de leur vie : scènes de chasse, ou plus rarement, figures humaines.

Outre la beauté de ces lieux, qui faisaient fonction de sanctuaires ou d'habitations, la grotte de Pech Merle offre une émotion toute particulière. Dans les fresques, d'abord, où l'on voit des chevaux cernés de mains détourées. Et surtout, pétrifiée dans le sol, demeure l'empreinte d'un pied posé là il y a quelques centaines de siècles.

La nature, elle aussi, a beaucoup travaillé le Périgord souterrain. Les gouffres de Proumeyssac ou Padirac proposent des décors de science-fiction étonnants. Des draperies de pierres, piliers, concrétions aux formes extravagantes, dont chaque centimètre est l'œuvre d'un siècle, surgissent au long de galeries blanches et ocres.

Quittant ses abris il y a bien longtemps, l'homme a modelé en surface un paysage qui n'a rien à envier à ces merveilles du sous-sol.

Une légende veut que le sac du Bon Dieu, portant sa provision de châteaux, se soit ouvert au-dessus du Périgord. Tombés du ciel ou surgis de terre, châteaux et bastides hérissent en effet toutes les hauteurs du pays. Aux XIIIᵉ et XIVᵉ siècles, les bastides sont nées au hasard de la lutte entre Français et Anglais. Tels des pions sur un échiquier, aux créations anglaises : Monclar, Puyguilhem, Monpazier, Roquépine… répondent les places fortes françaises : Sainte-Foy, Villeréal, Monflanquin, Villefranche, Domme…

L'ombre d'Eléonore plane ici, qui dans ses bagages apporta l'Aquitaine, donc le Périgord, au royaume rival en 1152.

Ces villes fortifiées, groupant autour d'une église des rues étroites, ont conservé presque intact leur aspect médiéval. Au centre, une place entourée de galeries à arcades présente encore parfois sa halle de bois, cœur de la cité d'autrefois.

Parmi les châteaux, trop nombreux pour être cités tous, quelques noms évoquent les personnages qui ont construit par leur fougue et leur talent l'histoire de la région.

BEYNAC

Du haut de son rocher, Beynac, l'un des nombreux châteaux qui couronnent les collines de la Dordogne, connut bien des tumultes, face à son rival Castelnaud, tous deux en proie aux chassés-croisés des armées françaises et anglaises tout au long du Moyen Age.

Ventadour et Hautefort furent le berceau de deux poètes de la race des troubadours, née en Périgord au XIIᵉ siècle. Castelnaud, défiant Beynac par delà la Dordogne, était un fief cathare avant d'abriter Simon de Montfort. Biron eut pour possesseur un proche de Henri IV ; l'ayant trahi, il préféra la mort plutôt que d'avouer son erreur. Turenne rappelle ce maréchal de trente-deux ans, qui, Frondeur, devint par la suite l'un des plus sûrs appuis de Louis XIV. On ne peut passer sous silence le mystérieux Bonaguil, nid d'aigle érigé en pleine Renaissance par le seigneur de Roquefeuil, et dont le donjon imprenable n'eut jamais rien à défendre.

- "Qui t'a fait comte ?" demandait Hugues Capet.
- "Qui t'a fait roi ?" répondit Adalbert de Périgord.

La réplique, si elle n'est pas historiquement certaine, indique en tout cas le tempérament que l'on prête aux gens de la région.

Gens d'épée, les Périgourdins n'ont pas négligé pour autant la vie intellectuelle. Au XVIᵉ, les imprimeurs de Périgueux, Cahors ou Bergerac sont réputés. Et Cahors possède une université dès le XIVᵉ siècle. C'est à cette époque qu'apparaît le pont Valentré et sa légende.

A Sarlat, au cœur du Périgord noir, les rues aux fenêtres à meneaux, au pavage ancien, conservent le souvenir de la Boétie, pour lequel Montaigne écrivit des pages superbes, "parce que c'était lui…".

Bergerac, elle, que Cyrano contemple depuis son socle, abrite un intéressant musée consacré au tabac. C'est dans la vallée du Lot qu'il fut introduit au XVIIᵉ siècle. Tout près, les côteaux de Monbazillac portent le fameux cépage de vin blanc.

On a souvent comparé Rocamadour au Mont-Saint-Michel, et ce site vaut en effet qu'on s'y attarde. Suspendu au flanc d'un canyon, le village est couronné d'églises. A l'intérieur, des fresques remarquables et une Vierge de bois noir que l'on dit miraculeuse. Saint Louis s'y arrêta, comme une foule de pèlerins depuis le XIᵉ siècle. Autre site renommé, Saint-Cirq-Lapopie, village-musée, où les maisons à colombage, les venelles fleuries de roses trémières, ne portent aucune trace du XXᵉ siècle.

D'autres villages, moins connus, se découvrent de causse en causse, de vallée en vallée, souvent reflétés dans l'eau, comme Puy-l'Evêque. Les tons chauds de leur calcaire doré, les toits à quatre pans, de tuiles ou de pierres plates, les pigeonniers accolés aux maisons anciennes ont autant de charme que les tours et courtines des châteaux.

Il y a aussi la capitale du Périgord, Périgueux, qui malgré ses rues pittoresques est surtout connue pour sa cathédrale en croix grecque à laquelle les plans audacieux d'un disciple de Viollet-le-Duc ont donné un faux air de mosquée tout à fait incongru.

Au détour d'un sentier, on peut trouver dans un pâturage une sorte d'igloo de pierres : c'est une garriotte. Les bergers débarrassaient ainsi les champs de leurs cailloux pour s'en faire des abris.

Enfin, il faut se promener parmi les étals d'un marché. Dès le XVᵉ siècle, les "pâtés du Périgord" étaient célèbres, et la gastronomie n'a jamais cessé depuis de faire son orgueil. L'inventaire laisse rêveur. D'abord, la truffe, qui entre dans les préparations les plus délicates ; les foies d'oies, que les cuisinières choisissent avec mille précautions pour en obtenir les meilleurs foies gras ; les confits ; les noix, dont on tire un alcool ; les prunes qui se transforment en friandises succulentes ; les cèpes, autre ingrédient de recettes savantes. Et pour compléter ces agapes, les vins, blancs ou rouges, de Bergerac ou de Cahors.

On ne s'étonne pas, alors, que ce pays ait donné le jour à un chroniqueur plein de verve : Brantôme ; à des poètes comme Marot ou Olivier de Magny, proches de l'épicurisme ; ou encore au bouillant Bernard Palissy, qui, dit-on, aurait brûlé ses meubles faute d'autre combustible, pour découvrir le secret des émaux.

BORDEAUX

Aujourd'hui, la ville de Bordeaux est systématiquement associée à ses vignobles prestigieux mais, à l'origine, la cité bénéficiait d'une existence prospère alors que la vigne n'était pas encore exploitée. Bordeaux jouissait simplement de l'excellent emplacement qu'un peuple avait choisi pour se fixer.

Les premiers témoignages d'habitation de cette contrée datent de l'âge du bronze mais les preuves de l'existence même de Burdigala "le port de la lune" ne remontent qu'au IIIe siècle avant J.-C.

Des groupes celtiques avaient choisi le lieu pour les commodités qu'offrait son emplacement : reliée calmement à la mer par l'estuaire de la Gironde, la ville s'est développée sur la grande courbe que décrit la Garonne.

Au IIe siècle avant J.-C., une tribu gauloise, les Bituriges Vivisques, mène dans la région une existence essentiellement agricole mais l'arrivée des Romains va considérablement développer Burdigala : les navires grecs, romains et orientaux y font escale avec leurs innombrables marchandises. Le port est le point de convergence des chaussées d'Aquitaine, d'Ibérie et de Gascogne.

La cité devient rapidement le chef-lieu d'Aquitaine (le pays des eaux) et le régime impérial romain entreprend la construction de très nombreux monuments, dont le célèbre palais Gallien au IIIe siècle après J.-C.

Mais très peu après leur arrivée, dès l'an 20, les Romains ont donné une nouvelle dimension à la province en introduisant la vigne. Viticulteurs avisés, c'est à l'emplacement de Saint-Emilion qu'ils font planter les premières vignes.

Burdigala s'étend alors autant que la ville de Bordeaux au Moyen Age. Bientôt, comme partout dans la Gaule d'alors, les invasions barbares ruinent la prospérité romaine.

Puis les chrétiens reconstruisent la ville. Au Ve siècle, l'évêque saint Servin devient un personnage légendaire. Nombreux sont les édifices qui témoignent de la christianisation de Bordeaux.

Au VIIIe siècle, Dagobert, le roi des Francs, érige Bordeaux en capitale du duché d'Aquitaine. L'un de ses ducs, Huon, deviendra le héros d'une chanson de geste au XIe siècle : il avait tué par mégarde l'un des fils de Charlemagne. L'empereur l'aurait alors obligé à rapporter de Babylone la barbe de son beau-père, le roi ; dans cet exploit, il aurait reçu l'aide de l'elfe Obéron.

Jusqu'au milieu du XIIe siècle, l'Aquitaine reste un duché relativement prospère et tranquille mais, en 1152, une simple mésentente conjugale va faire basculer son destin : Louis VII divorce de l'héritière du duché d'Aquitaine, la belle Aliénor, qui se remarie aussitôt avec Henri II Plantagenêt. Les possessions d'Aliénor et de Henri II deviennent aussi importantes que celles du roi de France.

La guerre entre l'Angleterre et la France vient de commencer et Bordeaux restera anglaise jusqu'en 1453. Mais l'économie bordelaise n'aura qu'à se louer de l'occupation anglaise.

Aliénor avait su mettre en place une exploitation méthodique de la vigne. C'est à elle que l'on doit la "jurade". Les jurats contrôlaient la qualité du vin, réglementaient ses conditions d'exploitation et imposaient des normes très strictes pour maintenir sa renommée ; les Anglais étaient d'excellents clients, mais très exigeants, et les négociants bordelais ne voulaient en aucun cas perdre leur débouché. Outre-Manche les livraisons de "claret" sont attendues avec impatience ; le "claret" est l'appellation anglaise du bordeaux. L'Angleterre achète aussi les productions agricoles de la région, essentiellement le blé et les fruits.

La puissance économique de Bordeaux avait également attiré un autre

LA PORTE CAILHAU

Cette porte est, avec la Grosse Cloche, la silhouette la plus familière du vieux Bordeaux. Elle remonte à la fin du XIe siècle et doit son nom à une déformation du mot "caillou" : la légende dit que, tout autour de son emplacement, on ramassait les cailloux que les Bordelais lançaient dans les bateaux pour les maintenir à quai.

ROQUETAILLADE

Ce château représente un excellent exemple de château féodal parfaitement restauré. Il le fut d'abord par des disciples de Viollet-le-Duc, puis très récemment. Le corps, rectangulaire, est renforcé de six imposantes tours rondes. A l'intérieur, les immenses salles voûtées, les peintures, le mobilier reconstituent assez fidèlement l'art de vivre des châtelains d'antan.

CASTELNEAU

Modèle paysan du château viticole de l'Entre-Deux-Mers, Castelneau est formé d'un corps de logis cerné de deux grosses tours, groupant ses bâtiments autour d'une cour carrée, flanquée de deux petites tours. Cette construction particulière se retrouve notamment au château d'Yquem à Sauternes mais il oscille entre Dordogne et Garonne au Grand Verdus, à Mouchac, à Hories. Castelneau fut le "château neuf" du seigneur voisin de Pressac dès le XIVe siècle, il dépendit ensuite de l'abbaye de Sauve Majeure.

SAINT-ÉMILION

Le village de Saint-Emilion, tout en étages et en pierres ocres, avec ses bâtiments magnifiques, semble sorti d'une époque féodale mais la procession de la Jurade qui passe, chaque année, à l'ombre de ces ruines plus pâles, symbolise la vivacité d'une tradition prospère : la qualité d'un des plus grands vins de France.

peuple du nord : les Flamands. Pour tenter de limiter la puissance de l'Angleterre, des négociants de Bruges s'étaient installés dans des bois abandonnés aux marécages qui deviendront les célèbres quais des Chartrons.

La fin de la guerre de Cent Ans qui met un terme à la prédominance anglaise entraîne un marasme économique pour l'Aquitaine qui vient de perdre son principal client. Bordeaux devra attendre le XVIIIe siècle pour connaître à nouveau la prospérité économique : à l'exemple de Nantes, l'activité maritime de Bordeaux renaît grâce aux territoires d'Outre-Mer.

C'est de cette époque que date la construction du Bordeaux moderne, tant sur le plan architectural que sur celui de la gestion de la cité. D'excellents intendants comme Boucher, Dupré de Saint-Maur ou le marquis de Tourny, décident d'ériger Bordeaux en "ville-phare". La place de la Bourse due aux architectes Gabriel père et fils, la place du Parlement, le Grand Théâtre de Victor Louis voient ainsi le jour, aménageant des perspectives claires parmi l'ancien dédale des rues bordelaises. Bordeaux devient le premier port du royaume. A la Révolution, Bordeaux fait à nouveau parler d'elle : ses députés se constituent en un club, les Girondins, qui, au hasard de la Révolution, finissent par faire figure de modérés lorsqu'ils s'opposent aux Montagnards de Robespierre.

Comme toutes les villes portuaires, Bordeaux ne fera pas bonne figure à Napoléon, car le blocus continental est pour elle une catastrophe économique, mais dès la Restauration, les négociants bordelais retrouvent leur prospérité d'antan. Et, aujourd'hui, la formidable exploitation des vins bordelais laisse présager un avenir des plus heureux pour la région.

Le Bordelais produit aussi bien des vins blancs que des vins rouges et leur qualité souvent exceptionnelle transforme chaque bouteille de certains vins en pièce de collection et leur cours, côté dans le monde entier, atteint parfois des niveaux exorbitants. La situation peut devenir paradoxale car, au fur et à mesure des années, la valeur de certains crus augmente parfois tant que l'on n'ose plus les consommer mais, d'autre part, en dépassant un certain âge, certaines bouteilles perdent toute leur saveur.

Des grands crus classés ont atteint aujourd'hui le rang d'œuvre d'art (ne serait-ce que par les étiquettes signées Chagall, Cocteau, Léonor Fini, ...).

Les "vedettes" incontestables du Bordelais sont les célèbres "châteaux" et le Saint-Emilion.

C'est au nord de Bordeaux que s'abritent les vignobles de Château-Margaux, Château-Lafite, Château-Latour et Château-Mouton. Ces vins du Haut-Médoc mûrissent entre l'Atlantique et l'estuaire de la Gironde tandis que l'autre cru célèbre, le Saint-Emilion, étend ses vignobles à l'est de Bordeaux, là où la Dordogne rejoint la Gironde.

A la pointe sud de la région viticole, c'est le domaine de Sauternes, très limité dans l'espace mais l'excellence de ses vins blancs l'a également porté à une renommée internationale.

Les Côtes-de-Bordeaux et l'Entre-Deux-Mers constituent également une source de revenus très importante pour la région. Ils tiennent leurs noms de leur situation géographique : ils couvrent des terres qui vont, au sud de Bordeaux, de la rive est de la Garonne à la Dordogne.

L'activité économique de Bordeaux ne réside pas uniquement dans cette activité deux fois millénaire, Bordeaux exploite également les ressources des forêts des Landes et de la Dordogne : c'est la capitale du bois.

Les activités du port (raffineries, chimie, conserverie, commerce,...) interviennent également dans les raisons de la prospérité bordelaise.

Au centre ville, le quartier Mériadeck, superbe réalisation architecturale contemporaine, prouve avec quelle aisance Bordeaux se tourne vers l'avenir. François Mauriac décrirait sans doute aujourd'hui des personnages moins sombres.

CHENONCEAU

Le château de Chenonceau doit sa célébrité à son exceptionnelle position en travers du Cher et à sa charmante architecture de la Renaissance. Chenonceau est une incitation au rêve.

Le château que nous admirons actuellement est l'œuvre de Thomas Bohier, receveur des Finances et lieutenant général sous les rois Charles VIII, Louis XII et François Ier. Il avait acquis le domaine de Chenonceau de la famille de Marques qui, ruinée, avait été obligée de vendre la terre en parcelles pour une valeur de cent vingt-cinq mille livres. En 1515, Bohier fit raser le donjon et le moulin fortifié et jeta les fondements d'un nouvel édifice.

C'est sa femme, Catherine Briçonnet, qui suivit les travaux et apporta deux innovations : la répartition des pièces autour d'un vestibule central et l'escalier à rampe droite. Thomas Bohier mourut en 1524 dans le Milanais, laissant à son fils une dette considérable dont il s'acquitta en cédant Chenonceau à François Ier qui y vint souvent pour chasser.

En 1547, Henri II offrait Chenonceau à sa maîtresse Diane de Poitiers. Elle fit édifier les arches du pont reliant le château à l'autre rive du Cher de même qu'elle reconstruisit la façade méridionale et aménagea un remarquable jardin.

Cependant, à la mort de Henri II, Catherine de Médicis obligea Diane de Poitiers à échanger Chenonceau contre le sombre Chaumont mais cette dernière préféra terminer ses jours au château d'Anet.

Maîtresse de Chenonceau, Catherine de Médicis entreprit des transformations conformes à son goût du faste. Elle fit construire des communs destinés à loger la cour et demanda à Philibert Delorme d'élever une galerie à double étage sur le pont pour les grandes cérémonies. Il s'occupa également de réaménager le parc. Catherine donna des fêtes somptueuses dont la plus célèbre reste celle qu'elle offrit en 1577 à son fils Henri III revenu de Pologne pour monter sur le trône de France.

A la fin du XVIe siècle, Chenonceau passa à Louise de Lorraine, femme de Henri III, qui y porta le deuil du roi, assassiné, et qui y mourut elle-même en 1601.

Chenonceau fut délaissé au XVIIe siècle puis, en 1733, le duc de Bourbon le vendit au fermier général Dupin. Sa femme en fit un des rendez-vous littéraires les plus courus du XVIIIe siècle et choisit Jean-Jacques Rousseau comme précepteur de son fils en 1747. A la Révolution, le château fut épargné car Madame Dupin avait su conquérir l'affection de tous.

En 1864, Madame Pelouze racheta le domaine et effectua des restaurations de façon à rendre le château tel que l'avait laissé Thomas Bohier.

L'acquéreur suivant, la famille Menier, installa un Musée de cire, en 1972, qui retrace en quinze tableaux quatre siècles d'histoire. Il se trouve dans l'ancien pavillon des gardes.

On accède au château par une allée de platanes au bout de laquelle se trouvent d'élégants communs. Le donjon se situe sur la terrasse et porte les initiales "TBK" de Bohier ainsi que sa fameuse devise : "S'il vient à point, me souviendra". Le château de Bohier est constitué par un vaste pavillon carré dont le décor, de la première Renaissance, est riche et gai. Des constructions postérieures, il faut admirer le corps de logis rectangulaire avec ses tourelles d'angles, ainsi que la librairie et l'ancienne chapelle située sur la gauche, en saillie. Mais l'orgueil de Chenonceau reste la grande galerie bâtie par Philibert Delorme qui enjambe le Cher. Elle possède cinq arches et s'élève sur deux étages avec une longueur totale de 60 mètres. Sa sobriété étonnante relevant d'un style déjà classique s'oppose à la construction antérieure de Bohier.

LE CHÂTEAU

Deux femmes se sont cordialement détestées à propos de ce château : Catherine de Médicis et Diane de Poitiers. Et les jardins semblent symboliser leur querelle : face à l'îlot sur le Cher, les jardins de Diane et, de l'autre côté des arches, ceux de Catherine. Ici, dans la chambre de François Ier, les Trois Grâces de Van Loo font face à un superbe meuble italien du XVe siècle.

CHAMBORD

Des châteaux de la Loire qui s'égrennent comme les grains d'un chapelet de part et d'autre du plus long fleuve de France, Chambord et Chenonceau prennent indiscutablement la tête, Chambord par sa magnificence et ses proportions imposantes, Chenonceau par son élégance.

Il serait sommaire d'évoquer à leur sujet un couple, Chambord étant masculin et Chenonceau féminin, mais il faut cependant noter que le premier est dû au bon vouloir de François Ier tandis que le second fut marqué par les femmes.

La réussite de ces deux constructions réside avant tout dans leur architecture : Chambord présente des proportions exceptionnelles (117 mètres de large sur 156 mètres de long) et les arches de Chenonceau qui lui font allègrement enjamber le Cher constituent une remarquable originalité.

La Renaissance "explose" à travers Chambord, qui symbolise parfois à lui seul la France. C'est avec Versailles l'un des "incontournables" sites d'une visite en France et pourtant, si Versailles illustre à merveille un génie parfaitement français, les origines de Chambord sont beaucoup plus ambiguës. Déjà, le choix du site pour entreprendre la construction la plus prestigieuse appartient à la légende. Le jeune vainqueur de Marignan aimait la chasse. La forêt de Boulogne, propriété des comtes de Blois, était giboyeuse à souhait.

La légende raconte que le jeune François Ier fit une chute de cheval et qu'une charmante comtesse de Toury le soigna. Le site plut au souverain, autant amateur de conquêtes féminines que de gibier, et il décida que l'endroit conviendrait parfaitement. Le jeune Angoulême n'avait pas vingt-cinq ans. Tout lui souriait, il s'était illustré à Marignan et il était le premier de sa lignée à monter sur le trône, il lui fallait asseoir sa puissance ; Charles Quint menaçait, et sa réputation complexait le Français.

La rencontre avec la comtesse de Toury relève peut-être de la légende mais, bizarrement, il en est de même pour les plans de ce superbe édifice. Les terroirs giboyeux dépendaient d'un petit château fort. François Ier le fit raser et commanda une construction prestigieuse. Certains en attribuent les plans à l'éminent voisin, hôte du Clos-Lucé, Léonard de Vinci, d'autres considèrent que nous les devons à Dominique de Cortone, plus connu sous le nom du Boccador. Une certitude cependant : les maîtres-d'oeuvre sont des Français.

C'est à François de Pontbriand qui s'était illustré à Amboise et à Loches que François Ier confia en 1519 la direction des travaux. Il faudra vingt ans pour réaliser le gros-œuvre et sept ans de plus pour que les intérieurs royaux soient aménagés ; François Ier commandera alors les aménagements à l'ouest du château mais il mourra avant de les voir achevés. A sa mort, son fils, Henri II poursuivra les travaux, notamment la construction de la chapelle et de l'enceinte.

L'on notera à ce propos à quel point Chambord innove car il est un château de plaisance et non un château défensif. Les premiers châteaux de la Loire sont construits sur une position dominante (Amboise), ou bien ils s'abritent derrière des fortifications (Angers). Chambord, au contraire, étale luxueusement sa terrasse, fierté de François Ier. Sa vocation est de concrétiser les possibilités artistiques du royaume de France, quitte à s'inspirer très largement des splendeurs de la Renaissance italienne. Il y va du prestige de la France, et sa construction doit être menée à bien, même s'il faut pour cela forcer les sujets du royaume à fondre leur argenterie ou "emprunter" les trésors des églises. Près de deux mille personnes travailleront à l'édification de ce lieu de plaisance et d'apparat.

Et qu'ont-ils construit ces ouvriers dirigés par des maîtres-d'œuvre qui avaient déjà fait leur preuve dans la région ?

Comme pour les cathédrales, c'est la vue aérienne qui est peut-être la plus saisissante, même si à l'époque de la construction ce point de vue était inimaginable. En pleine forêt verdoyante et giboyeuse s'élève soudain une forêt de dentelle de pierres : coupoles, clochetons, rotondes, cheminées, surgissent avec la précision d'une œuvre miniature. Mais les dimensions sont là pour rappeler qu'il s'agit véritablement d'un château royal, et même à l'époque, du plus imposant de tous.

Autour d'un donjon central flanqué de tours et ceinturé d'une enceinte aux angles arrondis, deux ailes ont été successivement ajoutées, l'une abrite la chapelle, l'autre les appartements. La terrasse qui relie l'un à l'autre constituait jadis l'atout majeur de Chambord car elle offrait une vue unique sur les escaliers, les cheminées, les clochetons, les lucarnes, et permettait aussi de surveiller toutes les allées et venues du château : chasse, parade, arrivées royales, visites. C'est sans doute sur cette terrasse que l'influence italienne est la plus présente.

A l'intérieur, c'est l'escalier qui retient toute l'attention. Construit "à double révolution", il permet de se voir d'une rampe à l'autre, mais les deux hélices ne se rencontrent jamais : on dit que la "Grande Mademoiselle", poursuivait régulièrement son père, le turbulent Gaston d'Orléans, d'une rampe à l'autre. Mais c'est aujourd'hui l'histoire de Chambord qui fait revivre ses fastes plutôt que les décorations intérieures. Si l'on doit Chambord à François Ier, il n'y fit cependant que de très courts séjours.

Et si l'on ne devait retenir qu'un séjour du "prince de la Renaissance" à Chambord, ce serait bien évidemment celui de 1539. Cette année-là, il fit de son célèbre rival un hôte ébloui.

Un pacte avait été conclu et François Ier avait donné sa parole à Charles Quint qu'il pourrait aisément traverser la France sans être inquiété. Grand prince, François Ier l'invitait même à lui rendre visite à Chambord. Il y serait reçu comme devait l'être l'Empereur du Saint Empire, également roi d'Espagne.

Les fastes que François Ier savaient déployer et qui, en 1520, avaient échoué au Camp du Drap d'Or lorsqu'il avait reçu Henri VIII pour tenter une alliance contre le même Charles Quint, subjuguèrent son illustre hôte. Tout l'apparat que François Ier mit dans ses chasses, comme dans la pléiade de jeunes femmes superbes qui n'hésitaient pas à faire les sourires les plus engageants à leur récent ennemi si acharné, impressionnèrent fortement l'Empereur. Le petit roi de France revêtait soudain une importance insoupçonnée. Et il avoua sans fard son admiration, déclarant "qu'il regardait ce château comme un abrégé de ce que peuvent produire les forces, génie et industrie humaine". Le château connut ensuite des heures plus ou moins glorieuses.

Henri II s'y attarda davantage, François II et Charles IX s'y plurent, contrairement à Henri III et Henri IV. Louis XIII, puis Louis XIV surtout lui rendirent un nouveau prestige. Molière y crée deux de ses pièces ; le Roi Soleil et sa cour apprécient ce fastueux décor. Louis XV, en fit la demeure de son beau-père détrôné, Stanislas Leszczynski. Puis il en dota le vainqueur de Fontenoy, le maréchal de Saxe, qui y fera régner une vie de caserne. Après sa mort, le château, longtemps mal entretenu, est pillé sous la Révolution. Napoléon l'offre à Berthier qui le néglige. Paul-Louis Courier, redoutable pamphlétaire, assassiné en 1825, réclame même sa destruction.

A la chute de Charles X, le prétendant légitimiste est le comte de Chambord. En 1871, dans une France désemparée, il revient à Chambord après un exil de quarante ans mais avec une insigne maladresse, il se réclame du drapeau blanc de Henri IV. Ses prétentions tournent court.

C'est avec lui que s'achève l'union de Chambord et de l'histoire des rois : il passe à l'Etat en 1932, pour devenir l'un des plus beaux fleurons de son patrimoine.

LE CHÂTEAU

Construit pour François Ier, le château de Chambord, exemple parfait de l'édifice français du XVIe siècle, possède un caractère hybride dû aux différentes influences ayant présidé à son élévation. D'allure médiévale, en raison de ses hautes toitures et de ses grosses tours rondes, Chambord innove par la modernité et la simplicité de son plan : quatre appartements semblables disposés symétriquement dans un grand quadrilatère avec, au centre, un magnifique escalier à double révolution.

CHARTRES

La cathédrale de Chartres pourrait à elle seule symboliser le catholicisme en France, et spécialement le culte marial. Et pourtant, nombreux sont les mystères qui planent encore sur ce haut lieu de la chrétienté.

On sait avec certitude que l'emplacement de la cathédrale de Chartres fut de tout temps un sanctuaire mais nombreux furent les cultes qui s'y succédèrent.

Le premier culte semble avoir été rendu aux divinités des eaux, puis les Gaulois y célébrèrent une déesse-mère. Au IVᵉ siècle, le lieu passa aux Chrétiens qui y édifièrent trois bâtiments successifs.

En 876, Charles le Chauve offrit à Chartres la tunique de la Vierge Marie. Le troisième édifice chrétien devint ainsi un lieu de pèlerinage. La relique sainte fit bénéficier l'édifice d'une popularité extraordinaire. Mais, en 1020, un incendie détruisit cette construction romane et l'évêque Fulbert décida alors de reconstruire ce lieu saint suivant des plans beaucoup plus grandioses. La mode de la renaissance de la pierre en Europe l'influença largement.

Située au-dessus de l'ancienne crypte, l'église a sensiblement les dimensions de la cathédrale actuelle. Une galerie couvre ses bas-côtés et sa corniche n'est inférieure que de sept ou huit mètres à celle d'aujourd'hui.

Au milieu du XIIᵉ siècle, des sculpteurs arrivent de toute la France pour parachever l'œuvre mais, en 1194, un nouvel incendie détruit la partie orientale du bâtiment. Il faudra trente ans (1194/1225) pour reconstruire l'édifice, ce qui explique sa rare unité architecturale.

Deux architectes en seront les principaux maîtres d'œuvre. L'un, originaire du Soissonnais, avait tracé les plans et il dirigea les travaux jusqu'en 1215. Le second se chargea du voûtement du chœur et des deux porches. Mais cette reconstruction très rapide eût été impossible sans l'extraordinaire ferveur religieuse qui animait alors le peuple de France. Très nombreux furent les dons des seigneurs et des bourgeois, et les paysans ou les ouvriers prêtèrent un concours large et bénévole à la construction de l'édifice.

La cathédrale fut consacrée en 1260 à la Vierge et, à l'inverse de nombreuses autres cathédrales, elle n'accueillera aucune sculpture. A Chartres, le culte marial symbolise la joie et l'espérance et la mort ne doit pas l'entacher. Les pèlerins ne doivent trouver dans ce lieu qu'espoir et réconfort. Ils sont d'ailleurs très nombreux et de toute origine.

Les plus célèbres furent Blanche de Castille et Saint Louis qui offrirent les verrières de la rose Nord. Louis XI y vint huit fois et il fit installer dans un superbe tabernacle la statue de la Vierge de Sous-Terre. Puis, Charles X et Anne de Bretagne qui dota la cathédrale d'une cloche qui porte encore son nom. Henri III fut sans doute le plus assidu : il vint dix-huit fois demander un héritier mâle pour la Couronne. Henri IV y fut sacré. Saint François de Sales et saint Vincent de Paul s'y recueillirent également.

En 1506, un incendie détruisit la flèche de bois que l'on remplaça par une flèche de pierre.

La Révolution interrompit les pèlerinages et la Terreur faillit être fatale à Chartres : en 1793, l'administrateur départemental demanda sa destruction totale... Mais l'amoncellement des pierres qui risquait d'en résulter posa un problème insurmontable au fonctionnaire trop zélé. La cathédrale dut son salut à un problème technique.

Le 20 décembre 1793, lors d'une manifestation anticléricale très violente, les Révolutionnaires brûlèrent des livres, des manuscrits anciens et la Vierge Noire de la crypte, très ancienne statuette de poirier noirci remontant aux pre-

LA CATHÉDRALE

La silhouette de la cathédrale à l'horizon de la plaine beauceronne évoque irrésistiblement Charles Péguy et ses pèlerinages à Chartres. Emergeant de "l'océan des blés", il avance au rythme de poignantes strophes vers "la flèche inimitable". Il voit dans l'alliance de la plaine féconde et des flèches qui se dessinent très loin dans l'horizon le symbole des repères d'une France profonde et traditionnelle.

miers chrétiens. A cette époque, le Trésor fut également pillé. En 1830, un énième incendie détruisit la célèbre charpente de bois qui fut alors remplacée par une structure métallique. Mais ce furent les derniers dégâts que subit la cathédrale miraculeusement épargnée par les deux dernières guerres.

La crypte ne fut rendue au culte qu'en 1855 et les pèlerinages reprirent un peu plus tard. En 1876, on organisa un pèlerinage pour la commémoration du millénaire de la donation du voile. Les deux principaux pèlerinages ont lieu, l'un le jeudi de l'Ascension et l'autre, le 8 septembre, pour la fête de la Vierge. Le plus célèbre pèlerinage est celui des étudiants qui suivirent les traces de Charles Péguy, pour la première fois en 1935. Ils furent cette fois-là une quinzaine, ils sont maintenant plusieurs milliers.

Continuant la tradition des rois de France, les chefs d'Etat vinrent également à Chartres en pèlerins : Napoléon III en 1869, le président Coty en 1954, le général de Gaulle en 1965 et Georges Pompidou en 1971.

Outre l'extraordinaire ferveur religieuse qui émane de la cathédrale et que Charles Péguy a si brillamment immortalisée, celle que Rodin voyait comme "l'Acropole de la France" est avant tout un chef-d'œuvre d'architecture.

Des superbes flèches qui jaillissent de très loin dans la plaine beauceronne jusqu'au détail des vitraux, la cathédrale témoigne d'une parfaite maîtrise des différentes techniques.

Sur la façade principale, deux flèches, l'une, gothique, haute de 115 mètres, et l'autre, romane, haute de 106 mètres, entourent le portail Royal, chef-d'œuvre de l'art roman. Le Christ du tympan central entouré des innombrables statues-colonnes a gravé dans des milliers de mémoires des personnages bibliques aux corps longs, presque filiformes, mais aux visages merveilleusement expressifs. Le foisonnement des personnages est d'ailleurs l'une des particularités de la cathédrale qui compte 4000 personnages sculptés et 5000 visages sur les vitraux.

Les vitraux de Chartres doivent d'abord leur superbe à la volonté des architectes qui construisirent des baies plus grandes qu'à l'ordinaire pour renforcer la spiritualité du lieu par la lumière qui illuminerait les murs.

La cathédrale étant dédiée à la Vierge, il est logique que des scènes comme l'Annonciation, la Visitation et la Vierge à l'enfant figurent en majesté dans le chœur. Mais très nombreux sont les personnages qui évoluent le long de la cathédrale dans la demi-clarté des vitraux. Une logique s'impose dans leur ronde : le côté nord d'un édifice religieux est traditionnellement réservé à l'Ancien Testament tandis que le sud voit se dérouler les scènes du Nouveau Testament avec, après le chemin de croix, l'espoir du salut et de la rédemption.

Les 2600 m² couverts par les vitraux représentent un record inégalé dans l'art iconographique.

Enfin, la structure même de la cathédrale constitue un chef-d'œuvre de l'art gothique. Avec ses 130 mètres de longueur et ses 64 mètres du portail Nord au portail Sud, ses dimensions sont supérieures à celles des autres cathédrales : c'est pour cela qu'elle est souvent considérée comme la "grande sœur".

L'architecture de la cathédrale marque une nouvelle phase de l'art gothique : l'architecte a renoncé à la voûte sexpartite pour adopter un plan bas-long qui supprime l'alternance des supports, ce qui confère une remarquable impression d'unité.

Autre particularité, dans la nef (la plus large de France), un triforium avec une galerie aménagée au-dessus des bas-côtés remplace la tribune.

Mais dans cette cathédrale destinée aux pèlerinages, le chœur et le transept prennent une importance primordiale, de là leurs dimensions impressionnantes.

Ce vaisseau gothique doit son élégance et son harmonie parfaites, malgré ses proportions gigantesques, à l'utilisation du nombre d'or et autres systèmes essentiels de proportionnement.

GIVERNY

Né à Paris, Monet passe son enfance au Havre, où il goûte très tôt aux délices de la caricature. Il se crée ainsi une renommée locale et des revenus confortables. Il n'a pas dix-huit ans lorsque Eugène Boudin, "le roi des ciels", le remarque. Sous son influence, Monet se découvre des talents de paysagiste jusqu'alors inexploités. Boudin l'initie à la peinture en plein air, et c'est le début d'une passion qui ne le quittera plus.

Revenu à Paris pour y étudier à l'Académie Suisse, il y fréquente Pissarro, et plus tard Sisley, Renoir, Bazille et Jongkind. Commencent alors des allées et venues entre la région parisienne, la Normandie, Chailly, près de Fontainebleau, et Argenteuil, autant de motifs que Monet peint avec enthousiasme.

Dégagé des influences de jeunesse (Courbet, Daubigny et bien sûr Boudin), il se détache de plus en plus du sujet choisi, portrait ou paysage, pour fouiller les couleurs et les faire éclater en une palette étonnamment lumineuse. Les formes deviennent plus vagues, délaissant l'anecdote au profit de l'atmosphère qui s'en dégage. "Peindre l'impression de ce que j'aurai ressenti, moi tout seul", telle est son ambition. C'est d'ailleurs l'une de ses œuvres qui donne son nom de baptême au petit groupe d'artistes qui l'entoure. Le tableau "Impression, soleil levant" date de 1872. Deux ans plus tard, il est exposé chez Nadar avec quelques autres œuvres de peintres comme lui à la recherche d'une technique nouvelle. Un critique, voulant railler le mouvement, les qualifie "d'Impressionnistes". Le terme passera à la postérité, oubliant son auteur.

C'est donc un homme mûr, ayant derrière lui une longue et riche carrière qui s'installe dans le petit village de Giverny en 1883 (il a quarante-trois ans).

Ici, le peintre-jardinier modèle de toute pièce un paradis pour l'œil qu'il ne cessera ensuite de peindre. La maison rose et verte, dans son jardin exubérant, est maintenant un musée dont chaque pièce a été reconstituée telle que le maître des lieux l'avait voulue. Partout la couleur règne. Le salon de lecture est entièrement peint de bleu, la salle à manger, murs et meubles, toute de jaune éclatant, la cuisine carrelée de faïences aux tons frais. A l'étage, la chambre renferme quelques objets personnels, et un peu partout, respectant l'ordre qu'il avait établi lui-même, sont accrochées les estampes japonaises qu'il collectionnait. L'immense atelier où sont nées les Nymphéas en abrite maintenant des reproductions.

Le "Clos Normand", déroule devant la maison ses allées constellées de fleurs et ses voûtes de feuillages. Plus bas, on accède au Jardin d'Eau, formé par une dérivation de l'Epte sur le modèle japonais. Le pont, l'étang et ses nénuphars, les saules pleureurs qui s'y reflètent, les glycines, les bambous et les azalées couvrant les rives, tout évoque l'un ou l'autre des tableaux de Monet.

A Giverny, il reprend une méthode qu'il avait inaugurée avec la série des "Gares" ; simultanément, il travaille à plusieurs toiles à la fois, afin de capter le moindre changement des couleurs au fil de la journée. Il exécute plus de 250 variations sur le thème des Nymphéas, dont les dernières, totalement libérées du motif, ne prétendent qu'à restituer des harmonies de couleur. Les originaux de ces toiles gigantesques (2 mètres sur 5 mètres) constituent les pièces maîtresses du musée de l'Orangerie à Paris, musée jadis entièrement consacré à Monet suivant un pacte passé entre Clémenceau et Monet, mais qui ne fut pas respecté par la suite.

Lorsque Monet s'éteint en 1926, l'impressionnisme en tant que tel n'existe plus depuis longtemps, mais il a ouvert à l'art pictural les nouvelles voies dont est né l'art abstrait.

CHANTILLY

Au départ, il y a un îlot rocheux qui émerge des marécages. Un certain Cantilius s'y fait construire une villa fortifiée. Il léguera son nom au site privilégié qu'il a choisi, de même que, ici, l'idée d'une installation patricienne.

Au IXe siècle, le maître des lieux est un Bouteiller, seigneur de Senlis, dont la fonction est celle d'échanson aux temps des Mérovingiens. Les Bouteiller, très proches du roi, feront du site un château fort qui, en 1358, sera cependant pillé lors des jacqueries. En 1386, c'est le chancelier d'Orgemont qui rachète la terre et le reconstruit. Chantilly a maintenant sept tours que protègent de vastes fossés. Le plan irrégulier mais séduisant ne sera plus modifié.

En 1450, la sœur du dernier Orgemont épouse un Montmorency. Son petit-fils Anne sera le fameux connétable. Il hérite du château en 1522. Dans sa jeunesse, Anne fut élevé avec François Ier. Il s'illustra à Ravenne et à Marignan (1515) mais il suivit le roi à Pavie en captivité. Libéré, il lutta avec acharnement contre les prétentions de Charles V.

A la mort de François Ier, il conserva son rôle auprès de Henri II. Ce fut le premier des ducs de Montmorency. Homme de combat, il fut aussi un mécène ; on lui doit le château d'Ecouen. A son retour d'Italie, il chargea l'architecte Pierre Chambiges de reconstruire la forteresse. Il adjoignit des ailes Renaissance aux anciennes constructions. Il chargea cependant un autre architecte, Jean Bullant, d'élever "le petit château" sur l'île voisine. Plus tard, c'est là qu'un hôte illustre, amateur de Chantilly, s'éprit d'une très jeune fille. Charlotte de Montmorency, quinze ans, avait séduit le "Vert-Galant". Pour être tranquille, il la maria à Henri II de Bourbon-Condé qu'il espérait conciliant. Henri IV échoua dans cette étrange tentative. Le jeune marié emmena sa femme à Bruxelles, le roi d'Espagne couvrit le jeune couple de sa protection.

Le petit-fils du connétable, Henri II, épousa la filleule de Marie de Médicis, Marie-Félicie Orsini, délicieuse jeune femme amie des arts et des lettres. Elle est la "Sylvie" de Théophile de Viau.

En 1643, Chantilly passe aux Condé car Charlotte hérite de Chantilly. Son fils, le Grand Condé, embellit avec fougue le château. En 1662, il charge Le Nôtre de réaménager les jardins. Louis XIV regarde d'un œil envieux les superbes jets d'eau. Chantilly reçoit Racine, Boileau, Molière, Madame de La Fayette... Mais le 23 avril 1671, le château est endeuillé : Vatel s'y suicide pour avoir laissé trois tables sur soixante sans rôti. Un élève de Hardouin-Mansart construit les Grandes Ecuries. Elles logeaient alors 240 chevaux, 500 chiens et une centaine de palefreniers, cochers, piqueurs, etc... La Révolution arrive et détruit le château qui appartient maintenant aux Bourbon. En revenant d'exil avec son fils, Louis-Joseph de Bourbon-Condé restaure le château. Après bien des péripéties, le duc d'Aumale rentre en 1870 dans le château que lui a légué le duc de Bourbon. De 1875 à 1881, il fait restaurer le château dans le style Renaissance.

Le château abrite également une inestimable collection de peintures avec des œuvres de Philippe de Champaigne, Poussin, Nattier, Raphaël, Watteau, Botticelli, Ingres... Mais les propriétaires de Chantilly avaient aussi le sens de la fantaisie : au détour d'un couloir, le Cabinet des Singes, avec ses chinoiseries, apporte une note inattendue.

Les premières courses de chevaux eurent lieu officiellement en 1834 seulement, mais dès la fin du XIXe siècle, elles connurent un immense succès. Les chasses à courre, fêtes sur l'eau, concerts et feux d'artifice ont toujours été à Chantilly l'occasion de spectacles superbes. Actuellement, Chantilly est considéré comme la capitale française du pur-sang.

LA BIBLIOTHÈQUE

Le "cabinet des Livres" compte, parmi la multitude de manuscrits enluminés et richement reliés, les Très Riches Heures du duc de Berry, chef-d'œuvre du XVe siècle exécuté par les frères Limbourg. Chantilly abrite bien d'autres collections précieuses : faïences, gemmes, dessins et peintures, où figurent des Clouet, Botticelli ou Raphaël... En 1886, le duc d'Aumale légua le château et tous ses trésors à l'Institut de France.

REIMS

La Champagne offre trois sortes de paysages composant un bel ensemble : de grandes plaines au cœur desquelles se trouvent les villes, des plateaux boisés où s'encaissent les rivières. Et enfin les vignobles, qui réchauffent l'aspect sauvage de ces sites, où surgissent par endroit des multitudes de petites croix blanches, sinistre témoignage des combats qui se sont déroulés sur ces terres.

La Champagne depuis ses origines, est marquée par deux phénomènes apparemment contradictoires : le commerce et les invasions.

Reims, au cœur de la Champagne, se fait connaître dès le IXe siècle comme une capitale du commerce. Déjà à l'époque romaine, d'ailleurs, on y rendait un culte important à Mercure, dieu messager des voyageurs, et par extension du négoce. Sa situation éloignée mais équidistante de la mer Méditerranée et de la mer du Nord, lui permit de prospérer rapidement dans le commerce de la laine des moutons champenois. Cette activité restera sa fonction économique principale jusqu'au XVIIIe siècle, la seconde étant la perception des revenus des biens de l'Eglise.

De cette première activité en découle une autre : le drap. Jean-Baptiste Colbert, membre d'une famille réputée de marchands, profita de son enseignement pour fonder sa politique sur l'expansion du commerce extérieur.

Mais il faut attendre le XVIIe siècle pour que les Rémois se lancent dans la fabrication. Cette activité prendra toute son ampleur au XVIIIe siècle et contribuera à assurer une certaine autonomie à la ville. A la fin du XVIIIe siècle et sous l'Empire, on voit apparaître de grands ateliers de fabrication régis par une nouvelle classe d'industriels qui dédaignent le négoce traditionnel et se heurtent aux marchands. Tout ceci fait la preuve d'une situation de fait : les Rémois savaient fabriquer le drap, mais ils ne savaient plus le vendre. C'est ainsi que Reims est devenue peu à peu une ville industrielle.

Le négoce du drap en avait fait fructifier un autre : celui du champagne. En effet, les capitaux tirés du premier étaient réinvestis avec succès dans le second.

Déjà fort appréciée des Gaulois, la production des vins de champagne était encouragée par les évêques de Reims et par les papes même (Urbain II était d'origine champenoise). Les grands crus étaient toujours présents sur les tables royales de François Ier et de Henri IV.

L'exemple le plus connu est celui de la veuve Clicquot, fille du riche drapier Ponsardin, qui créa sa maison de champagne dès 1783. A l'heure actuelle, Reims et Epernay se partagent le commerce du champagne et des firmes de renommée mondiale y ont encore leurs caves : Veuve Clicquot, Pommery, Taittinger... (dont les caves, installées dans les cryptes de l'ancienne abbaye Saint-Nicaise, sont classées monument historique), Ruinart, Mumm... Ce "roi des vins et vin des rois" qui fait partie de toutes les fêtes, c'est Dom Pérignon, moine bénédictin d'une abbaye proche d'Epernay, qui en inventa le procédé au XVIIe siècle, en maîtrisant le phénomène de double fermentation.

Mais la grande vedette de Reims, c'est la cathédrale. Notre-Dame-de-Reims, sublime réussite de l'art gothique est un véritable musée de la statuaire médiévale et un chef-d'œuvre d'architecture.

Ses constructeurs voulaient faire de ce sanctuaire l'image terrestre de la Jérusalem céleste. Elle réunit pour Viollet-le-Duc les véritables conditions de la beauté dans les arts, la puissance et la grâce. On la surnomme cathédrale des anges, les plus célèbres étant les deux anges au sourire qui montent la garde sur la façade principale.

La première église fut aménagée sur les restes d'un édifice gallo-romain par saint Nicaise au début du Ve siècle. Les Vandales le décapitèrent à sa porte. Moins d'un siècle plus tard, Clovis, roi des Francs, s'y fit baptiser par l'évêque saint Rémi, aujourd'hui patron de la ville de Reims. Sa phrase, légendaire ou non, est restée célèbre : "Courbe la tête, fier Sicambre, adore ce que tu as brûlé, brûle ce que tu as adoré". Clovis, en se convertissant au christianisme, associait pour des siècles religion et royauté. Puis Louis le Débonnaire, au IXe siècle, consolida ce qui allait devenir une tradition en se faisant sacrer à Reims par le pape Etienne Ier. L'église menaçant de s'effondrer, l'archevêque Ebbon lança sa reconstruction, suivi par son successeur Hincmar. Achevé en 862, le premier édifice carolingien est consacré en présence de Charles le Chauve. Notre-Dame fut encore remaniée au IXe siècle par l'archevêque Adalbéron qui y ajouta un clocher-porche. Celui-ci fut remplacé par une façade du style de celle de Saint-Denis au XIIe siècle.

En 1210, un incendie détruisit le sanctuaire et un an après cette catastrophe, l'archevêque Aubri de Humbert posait la première pierre de l'édifice actuel.

Le destin mouvementé de cette église voulut que la guerre de Cent Ans et les épidémies ralentissent considérablement les travaux jusqu'en 1481. Le 26 juillet, ils furent même interrompus par un nouvel incendie ; on releva alors les parties détruites sans toucher à l'architecture. En 1429, la cathédrale avait été le témoin d'un sacre particulier, celui de Charles VII, en présence de Jeanne d'Arc. Pour le roi, retiré à Chinon, Jeanne avait ouvert la route de Reims en reprenant aux Anglais Auxerre, Troyes et Châlons.

Les XVIIe et XVIIIe siècles n'eurent que peu d'impact sur la cathédrale. Curieusement épargnée par la Révolution, elle fut rendue au culte en 1795 et on célébra en 1825 le dernier sacre d'un roi de France, Charles X. Du Moyen Age jusqu'au XIXe siècle, quarante-huit des soixante-quatre rois de France furent consacrés ici. Ce privilège occasionna d'ailleurs quelques rivalités avec les autres villes de sacre, comme Chartres, Orléans ou Saint-Denis. Le rituel de la cérémonie fut fixé définitivement sous Saint Louis. Il devait donner au souverain le don de "régner en paix, joie et prospérité, grande gloire et invincible sûreté, protection et garde de Dieu le créateur."

Tout cela était symbolisé par l'usage de la Sainte Ampoule, qu'une colombe aurait déposée lors du baptême de Clovis. Cette fiole miraculeuse, dont le contenu ne diminuait jamais, conférait au roi des pouvoirs surnaturels, confondant ainsi dans l'esprit des hommes du Moyen Age si avides de spiritualité, monarchie et au-delà.

Au cours du XIXe siècle, elle dut subir quelques rénovations de la main d'architectes réputés, tel Viollet-le-Duc. Malheureusement, la Grande Guerre ne l'épargna pas (la ville fut détruite aux trois quarts) et l'on dut une fois de plus restaurer. Elle couvre maintenant 6600 m², comprenant un vaisseau long de 139 mètres, haut de 38 mètres sous voûte, et large de plus de 49 mètres au transept ; sa façade s'élève à 81 mètres au sommet des tours.

D'avril à octobre, Notre-Dame-de-Reims retrouve sa parure d'autrefois, imaginée au XVIe siècle par l'archevêque Robert de Lenarcourt, désireux d'agrémenter ses puissants murs nus. Une suite de dix-sept tapisseries à fond de fleurettes tissées à Reims est consacrée à la vie de la Vierge. Chaque scène se déroule dans un cadre identique sous un portique Renaissance.

Autre témoin du riche passé de Reims : l'ancienne abbatiale bénédictine de Saint-Rémi a été bâtie, à partir de 1035, sur l'emplacement de la chapelle où saint Rémi était enterré. Malgré un certain nombre de rajouts et de rénovations indispensables, le résultat reste homogène et harmonieux, témoignage de sept cents ans d'architecture.

Aujourd'hui, Reims présente l'aspect d'une ville prospère intelligemment restaurée qui allie de vastes et claires artères aux nombreux témoignages de son glorieux passé historique (ruines romaines, hôtels gothiques et Renaissance...).

LA CATHÉDRALE

Derrière une apparente unité, la cathédrale de Reims se caractérise par des différences de style frappantes dues à des modifications du projet initial en cours de construction. Cependant, aucun édifice religieux ne symbolise autant le gothique français à son apogée. Depuis Chartres et Bourges, les formes se sont allégées.

LA TERRE

La France aimerait être la patrie des arts et des lettres. Elle voudrait que son goût pour l'art de vivre lui ouvre les portes de l'avenir économique.

Mais elle a tendance à oublier que son prestige et que son histoire reposent beaucoup plus sur la valeur de ses terres, la force des traditions de son terroir que sur la puissance de ses autres secteurs économiques. Sans ses terres, sans son agriculture, la France ne serait pas ce qu'elle a été ni ce qu'elle est aujourd'hui.

La terre lui a donné les paysans. Ceux-ci représentaient 85 % de la population active sous Louis XIV et plus de la moitié de la France en 1914.

Les paysans ont apporté aux seigneurs la richesse nécessaire à l'édification des châteaux, à l'église la possibilité de bâtir les cathédrales. Ils ont nourri les armées royales sur le plan humain et sur le plan matériel. L'art de vivre "à la française" est le résultat d'un mariage subtil entre les traditions agricoles et les coutumes raffinées de ceux qui vivaient de la terre.

La France est une nation d'agriculteurs. Ce mot barbare remplace celui de paysan comme le mot d'agent de production a remplacé celui d'ouvrier.

La France de 1990 est encore très dépendante de son agriculture alors que celle-ci n'occupe plus que 7 % de sa population alors qu'il y a moins de vingt ans elle représentait encore 20 % de sa force vive.

Mais, de nos jours, l'agriculture française par sa productivité élevée (plus de 85 quintaux à l'hectare pour le blé en Beauce et en Brie) et sa remarquable modernisation font de la France le grenier de l'Europe.

La vie aux champs a certainement perdu une grande part de sa poésie alors que les traditions régionales ont conservé toute leur importance et que la nostalgie agricole impressionne toujours autant les citadins. Par contre, la vie quotidienne à la campagne est devenue extrêmement difficile et très aléatoire. L'endettement lié à la modernisation est souvent insupportable, les terres ne se revendent plus et les sirènes de la ville et ses emplois de bureau attirent de plus en plus les enfants de la campagne.

On a tendance à envisager que le patrimoine agricole français est si fort que pour faire face à cet exode inexorable, on sera amené à créer prochainement une nouvelle catégorie d'agents publics : les fonctionnaires verts qui auront pour mission de maintenir en vie l'existence de la terre agricole française.

Mais comme chaque démonstration s'appuie sur un cas d'application, nous avons dû élire une région pour illustrer notre propos. Et notre choix s'est porté sur les terres de Champagne au rendement autrefois impossible et que l'on appelait "pouilleuses" pour les opposer plus cruellement encore aux riches coteaux producteurs du "vin des rois ou roi des vins".

Ici la terre, très crayeuse, fut longtemps l'une des plus ingrates de France mais, aujourd'hui, grâce au perfectionnement technologique et à la très forte volonté des entreprises agricoles de la région, la Champagne pouilleuse est devenue l'un des greniers à blé de la France. S'inspirant fortement des exploitations américaines, l'agriculture champenoise atteint aujourd'hui un taux de rendement exceptionnellement élevé. Les chiffres du blé, du maïs, de la betterave, du colza… supportent sans pâlir la comparaison avec le modèle américain.

Ils prouvent qu'avec une forte rationalisation, les terres de France peuvent conserver leur vocation première.

A l'aube du XXIe siècle, l'industrialisation de l'agriculture permet de préserver un équilibre naturel et évite au paysage français d'être privé de sa plus forte tradition.

LE BLÉ ET LE COLZA

Avec le maïs, le blé et le colza comptent parmi les principales cultures céréalières. Mais il existe entre eux une différence fondamentale : les civilisations les plus anciennes connaissaient le blé alors que l'exploitation du colza ne date que du XXe siècle.

VAUX-LE-VICOMTE

Le château de Vaux appartient à la légende de l'Histoire de France et cependant il reste relativement méconnu, peut-être parce qu'il ne fut ouvert aux visiteurs qu'en 1968. Vaux est antérieur au Versailles fastueux mais ses maîtres d'œuvre sont les mêmes. A sa création, Vaux est l'histoire d'un homme, à la Révolution, celle d'une famille, à sa remise en état, celle d'un homme puis de sa famille : un bourgeois surintendant des Finances, une longue lignée d'aristocrates, un petit-fils de boulanger qui se trouve, à dix-neuf ans, à la tête de l'entreprise familiale devenue l'une des cinq raffineries françaises.

Au départ, il y a la Fronde, Richelieu, les guerres coûteuses. Le Cardinal, pour défendre les intérêts de la France, a besoin d'hommes de confiance, entreprenants, efficaces, excellents financiers sachant renflouer les caisses de l'Etat. Mazarin reprend le principe de son prédécesseur : c'est ainsi que Nicolas Fouquet devient en 1653, à trente-huit ans, surintendant des Finances. Sa carrière avait débuté à Metz comme parlementaire et, très vite, son intelligence et son audace l'avaient fait remarquer. Cultivé, raffiné, esthète, il avait su s'attirer les artistes de son temps : Le Nôtre et Le Brun, Poussin, La Quintinie, Molière et La Fontaine, qui lui restera d'ailleurs toujours fidèle et affirmera son attachement à Fouquet dans l'*Elégie aux Nymphes de Vaux* et dans *Le Songe de Vaux.*

La première tâche de Fouquet est de consolider le trésor royal : pour cela, il faut rétablir l'épargne populaire et présenter un gouvernement solvable qui permette les emprunts sur le marché des capitaux. La fortune du surintendant le sert admirablement dans cette démarche : il donne en garantie sa fortune personnelle. Rien d'étonnant alors qu'en contrepartie, il touche une commission sur chaque opération menée à bien. Mazarin en faisait autant et d'aucuns disent que Colbert aussi. Le système fonctionne à merveille. Les caisses de l'Etat se renflouent et ses principaux serviteurs s'enrichissent en même temps. Les jalousies et les médisances progressent également, proportionnelles au succès.

Mazarin meurt en mars 1661 et Fouquet brigue le poste. Mais le jeune Louis XIV, âgé de vingt-deux ans, enfin débarrassé de l'encombrant Italien, supprime le poste de Premier ministre et Colbert, plus habile manœuvrier que Fouquet, charge feu Mazarin et le surintendant de toutes les "confusions financières" du gouvernement précédent.

Hypocrite, Louis XIV émet le désir de retourner dans le superbe château de Vaux dont il est si jaloux, pour admirer les nouvelles installations dont chacun parle avec émerveillement et envie. Pour honorer Louis XIV, Fouquet décide d'organiser le 17 août la fête fastueuse qu'il juge digne de la gloire de son souverain. La méprise est totale : Louis XIV quitte Vaux plus persuadé que jamais que la richesse de Fouquet ne s'est exercée qu'au détriment de l'Etat.

Le 5 septembre de cette même néfaste année 1661, d'Artagnan arrête Fouquet à Nantes sur ordre du roi. Le roi voulait la tête du surintendant, Colbert n'eut pas, pour le moins, un rôle très loyal dans ses tentatives de manipulation du procès qui dura trois ans... et ne déboucha que sur le bannissement de Fouquet. Furieux, Louis XIV usa de son droit de grâce "à l'envers", malgré les exhortations à la clémence de sa mère Anne d'Autriche : ce fut la seule fois de l'Histoire de France que le souverain aggrava la peine du tribunal.

Des légendes contradictoires circulent sur les rapports de Fouquet et du Masque de fer, tous deux détenus à la forteresse de Pignerol dans les Alpes. On dit que Fouquet connaissait le secret du Masque de fer qui n'était autre qu'un frère jumeau de Louis XIV selon les uns, ou même Fouquet en personne selon les autres.

LE CHÂTEAU

Le superbe château de Vaux-le-Vicomte reste la réussite la plus éclatante du premier style Louis XIV, le modèle même qui suscita chez le roi le désir de faire mieux encore, à Versailles, avec les mêmes artistes : l'architecte Le Vau, le décorateur Le Brun et le jardinier Le Nôtre. Orgueilleusement isolé, le château surgit au cœur de ces vastes perspectives imaginées par Le Nôtre. L'art des jardins atteint ici son apogée.

LE SALON DES MUSES

La mode qui consistait à baptiser les pièces d'apparat de patronymes empruntés à l'antiquité provient de la Renaissance italienne. Ici, Le Brun, avec ses neuf Muses, a réalisé le plus beau plafond de Vaux.

LE SALON D'HERCULE

En peignant Hercule arrivant dans l'Olympe, Le Brun voulait symboliser la puissance de Fouquet mais Louis XIV vit dans cette allégorie une insulte personnelle. Aujourd'hui, ce superbe salon présente, parmi d'autres trésors, un portrait de Louis XV par Van Loo, le maréchal de Villars par Rigaud, et une gigantesque toile représentant le siège de Fribourg.

Lors de l'arrestation du surintendant, Louis XIV fit immédiatement vider Vaux de ses trésors ; il fit placer le château sous séquestre pendant douze ans, jusqu'en 1673. Madame Fouquet récupéra alors le domaine et put faire face à certaines dettes grâce aux revenus de l'exploitation. A la mort de son fils aîné en 1705, elle cède le domaine au maréchal de Villars. Son fils, enfant gâté et personnage falot, s'avère incapable d'entretenir le château que ses parents avaient commencé à remeubler avec goût.

En 1764, le duc de Choiseul-Praslin acquiert le domaine. A la Révolution, en 1793, la duchesse de Praslin reçoit l'ordre d'évacuer son domaine en huit jours, mais la famille compte beaucoup d'appuis parmi les paysans. "Rien ne doit s'opposer à sa démolition" indique l'ordre révolutionnaire mais la duchesse, avec astuce, demande un délai pour décompter les œuvres de Le Brun qu'elle offrira à la Nation. Des commissaires de l'Etat viennent sur place pour de plus amples renseignements et ils constatent la stupidité d'un tel décret. Ils rédigent un rapport dans lequel ils osent s'élever contre l'ordre de démolition.

Au XIXe siècle, la charge du domaine est trop lourde et les jardins ne sont plus entretenus. En 1847, le cinquième duc de Praslin assassine sa femme et se suicide en prison. Ses enfants laissent Vaux à l'abandon et, en 1875, ils décident de le vendre aux enchères. Le préfet de Seine-et-Marne incite un de ses amis à visiter Vaux avant qu'il ne soit vendu en parcelles.

Cet homme, Alfred Sommier, a pris à dix-neuf ans la tête d'une entreprise familiale de sucre qu'il a réussi à hisser parmi les cinq grandes raffineries françaises. Sa réussite est d'autant plus remarquable que son grand-père tenait une modeste boulangerie à Villeneuve-sur-Yonne. Son père et son oncle étaient "montés" à Paris et avaient, en 1824, un tout petit atelier de raffinage de sucre au fond de leur jardin.

Alfred Sommier acquiert le domaine le 6 juillet 1875 et très vite, il se passionne pour la restauration de Vaux. Et bientôt, la restauration des jardins à laquelle il n'avait pas pensé au départ s'impose à lui comme une nécessité : il lui faudra presque cinquante ans pour la mener à bien. Le mariage de son fils avec Germaine Casimir-Perier couronnera l'ascension remarquable de cette famille. Et le domaine de Vaux retrouvera alors la somptuosité de l'époque de Fouquet.

Mais quel était donc ce domaine qui déchaîna tant de passions ? Quels en étaient les auteurs ?

Fouquet fut avant tout un précurseur tant dans l'art de renflouer les caisses de l'Etat que dans celui, non moindre, d'immortaliser en œuvres d'art des revenus trop substantiels aux yeux de beaucoup.

Vaux fut un tout magnifique construit en huit ans par des artistes que Fouquet avait découverts et auxquels Louis XIV, jaloux, conférera par son statut de monarque, l'immortalité. Le Nôtre dessinera les jardins, Le Vau tracera les plans du château, Le Brun se chargera de la décoration intérieure. La Fontaine, Molière, Madame de Sévigné marqueront Vaux de leur crédit intellectuel.

Toutes les pièces du château qui, rappelons-le, a des dimensions humaines, seront peintes, tissées, meublées dans le goût de l'époque. La vindicte de Louis XIV devant ce qu'il considérait comme une escroquerie à l'Etat ne laissa rien des trésors choisis et commandés par Fouquet mais aujourd'hui, grâce à des achats judicieux, Vaux propose une merveilleuse promenade, de pièce en pièce, à travers les arts du XVIIe siècle ; une seule pièce fait exception à cette règle : le Grand Salon. Lors de la fête offerte par Fouquet au roi, il était inachevé ; aucun des propriétaires suivant n'osa donner une forme à l'esquisse superbe de Le Brun. La pièce mesurait 18 mètres de long, elle était haute de 18 mètres, Le Brun avait imaginé un extraordinaire plafond, "le Palais du Soleil". Louis XIV stoppa tout. Alfred Sommier l'a agrémenté de douze bustes d'empereurs romains posés sur des pilastres qui proviennent de la collection du prince Napoléon.

FONTAINEBLEAU

Si les murs pouvaient parler, ceux de ce château que Napoléon qualifiait de "Maison des Siècles" seraient peut-être les plus prolixes. Fontainebleau fut une résidence royale de la fin des Capétiens à Napoléon III. Le nom de Fontainebleau viendrait de la Fontaine de Bliaut, propriété de la famille franque de Bladebald. Un roi capétien fit construire un rendez-vous de chasse sur ce site très giboyeux : une charte de 1137 édictée par Louis VII a été rédigée à Fontainebleau. Saint Louis y construisit un château fort, Philippe le Bel y naquit et y mourut en 1314. A la fin du XIVe siècle, Charles V enrichit le château d'une excellente bibliothèque.

A la fin du XVe siècle, Fontainebleau comprend un donjon accompagné de quelques bâtiments qui rayonnent autour d'une cour ovale. L'avènement de François Ier va se révéler déterminant pour l'ancien rendez-vous de chasse devenu une petite forteresse : le jeune souverain décide d'édifier à Fontainebleau un véritable palais Renaissance. Il fait raser tout ce qui ressemble à une forteresse, et charge l'architecte Gilles le Breton d'édifier le nouveau château. Ce dernier réalise deux groupes de bâtiments qu'il relie par la célèbre galerie. François Ier veut faire de son palais une "nouvelle Rome" et il invite les plus grands à venir décorer son château. Le Rosso, formé par Michel-Ange, et le Primatice, formé par Jules Romain, lui-même disciple favori de Raphaël, y laissèrent éclater leur génie : il s'agit de la première Ecole de Fontainebleau qui servit de modèle à la seconde Renaissance.

Sur des stucs et d'immenses fresques, les artistes, souvent à travers des allégories, peignent des superbes et voluptueux corps déployés en longueur mais aussi en arrondis. François Ier avait fait aimer Fontainebleau à son fils Henri II qui continua les travaux. On lui doit la superbe salle de bal mais sa vie privée eut d'étranges retombées sur l'architecture du château. Sa maîtresse, Diane de Poitiers, avait confié la poursuite des travaux au Français Philibert Delorme mais, à la mort du roi, elle fut exilée à Chaumont et la veuve d'Henri II, la Florentine Catherine de Médicis confia à nouveau les travaux à son compatriote, le Primatice. L'influence française avait peu duré, l'exubérance italienne reprenait droit de cité.

Avec Henri IV, Fontainebleau s'agrandit considérablement mais cette fois-ci, l'influence est plutôt flamande : les fresques cèdent le pas aux peintures à l'huile sur toile ou plâtre. Les artistes pris dans les sphères parisiennes constituent la seconde Ecole de Fontainebleau. Cette mode aussi surchargée connaîtra son apogée à la mort de Henri IV ; sa veuve, Marie de Médicis, commandera à Rubens, en 1621, vingt-quatre immenses tableaux relatant sa vie pour meubler son nouveau palais du Luxembourg. Louis XIV s'intéressa essentiellement aux jardins de Fontainebleau qu'il confia à Le Nôtre, mais c'est cependant dans ses murs qu'il signa, en 1685, l'un de ses plus grands actes d'intolérance : la révocation de l'édit de Nantes accordé aux protestants par Henri IV en 1598. Louis XV fit agrandir le château et modifia, comme Louis XIV, ses aménagements intérieurs. Les révolutionnaires épargnèrent les bâtiments mais vidèrent systématiquement le château de ses meubles.

En trouvant un bâtiment vide, Napoléon qui préférait Fontainebleau à Versailles, trop lourd de symboles, put le meubler et le décorer à sa guise : la chambre à coucher des rois de France y devint alors la salle du Trône et la chambre de la reine fut superbement réaménagée pour l'impératrice Joséphine. Marie-Louise préféra les chambres du premier étage. Avec le Salon Jaune, Jacob-Desmalter a signé pour l'impératrice un exemple parfait de mobilier Empire.

L'AILE LOUIS XV

Les très nombreux bâtiments qui constituent le château de Fontainebleau témoignent de la succession de ses occupants. Les grilles de l'Empereur ferment la cour du Cheval-Blanc ou cour des Adieux, bordée des ailes des Ministres et Louis XV, aussi longues que la façade. Derrière, la galerie François Ier mène à trois autres bâtiments plus anciens encadrant chacune une cour.

LA CHAMBRE DE L'EMPEREUR

Napoléon s'était installé dans l'aile que Louis XVI avait fait construire le long de la galerie François Ier, bordée de part et d'autre des jardins de Diane et de l'étang des Carpes qui abrite encore aujourd'hui ces poissons que l'on dit centenaires.

VERSAILLES

"J'ai fait Versailles pour la Cour, Marly pour mes amis, Trianon pour moi-même". Versailles concrétise en effet tout l'art du XVIIe siècle et l'idéal de Louis XIV à la fois. Pour le Roi Soleil, le monde devait être concentrique : l'Europe, puis la France, et au sommet lui-même, ou plutôt la monarchie absolue. Cette symbolique se manifeste dans l'organisation du château, microcosme où toutes les perspectives convergent vers un même point, les appartements royaux.

Et de fait, Versailles sera de 1682 à 1782 la capitale politique du royaume.

Louis XIII fait édifier en 1623 un pavillon de chasse qu'il transforme dix ans plus tard en petit château de brique et de pierre aux toitures d'ardoises, entouré de douves.

Son fils affectionne ce lieu, auquel ne s'attachent que des souvenirs de détente. A partir de 1661, le jeune roi délaisse les rénovations du Louvre pour se consacrer exclusivement à Versailles. Les splendeurs qu'il a découvertes à Vaux, lors de la fameuse fête, déclenchent aussitôt une frénésie de travaux. Le roi prend à son service tous les créateurs de Vaux, l'architecte Le Vau, relayé à sa mort par Jules Hardouin-Mansart, le paysagiste Le Nôtre, et le décorateur Le Brun. La construction se fait en trois grandes étapes.

De 1661 à 1666, on remanie le château de Louis XIII. Le Vau orne la façade de bustes, de colonnes de marbre et de grilles dorées. Il ajoute des communs de part et d'autre de l'entrée du château et construit une première orangerie (détruite ultérieurement) et une ménagerie dans le parc dont Le Nôtre dessine parterres et bassins. Il aménage le grand axe de Tapis Vert du Canal ainsi que les trois allées qui partent du château.

De 1666 à 1683, le château est transformé en résidence et doublé, côté jardin, par trois corps de bâtiments qui conservent le plan en U et abritent les grands appartements de Louis XIV, composés de pièces de réception, dont le Salon d'Hercule, et de six grands salons en enfilade ainsi que les pièces d'habitation destinées à la vie publique du souverain. Le Brun, aidé de nombreux artistes, décore ces bâtiments d'ors, de marbres et de miroirs.

En 1682, Louis XIV et la Cour s'installent définitivement à Versailles.

Enfin, de 1683 à 1715, Mansart remplace la terrasse par l'immense Galerie des Glaces (entourée par les Salons de la Guerre et de la Paix) longue de 73 mètres. Dix-sept miroirs qui reflètent la lumière répondent aux dix-sept fenêtres donnant sur les jardins. Le tout est décoré de marbre vert, de trophées de bronze et de statues antiques.

C'est ici que se déroulent les réceptions d'ambassadeurs extraordinaires, le trône étant alors installé contre le Salon de la Paix.

Mansart édifie également dans l'avant-cour qui précède la Cour Royale, deux ailes au sud et au nord (appelées aile sud et aile nord des Ministres) destinées à loger les princes et les grands officiers. Sur la Place d'Armes, devant le château, il construit les deux écuries, point de départ des trois avenues.

En 1684, il fait élever la nouvelle orangerie (qui abritait trois mille arbustes dont deux mille orangers sous Louis XIV) et en 1687, le Grand Trianon en marbre blanc et rose.

En 1710, Robert de Cotte achève la chapelle, avec son vaisseau lumineux, à deux niveaux d'arcades, achevé en abside.

S'il fallait une preuve de l'attachement viscéral de Louis XIV à Versailles, elle est bien dans son "mode d'emploi des jardins". Le roi décrit avec précision chaque détail à y remarquer et l'ordre à suivre. On sent de la délectation dans cet inventaire qu'il s'est plu à dresser lui-même. Il suit les travaux dans les moindres détails, et couvre "ses" artistes de marques d'estime.

La Cour et les nuées de serviteurs se pressent dans ce palais, qui excepté quelques parties est ouvert à tous, en une sorte "d'exposition permanente des arts et métiers français". Dans cet empire, Louis XIV règle l'étiquette dans tous ses détails, régissant le temps de chacun comme il en a organisé le décor. Les courtisans se disputent toute mansarde du château ou des alentours, car chacune des cérémonies qui scandent la journée impose un costume différent. Il faut donc se changer rapidement.

Jusqu'ici les nombreux châteaux royaux n'étaient pas meublés en permanence, c'est encore une innovation de Versailles. Les tentures, appelées "meubles", sont changées deux fois par an, l'été elles sont de soieries, et l'hiver de matières plus lourdes, tel le velours.

Dès 1664, Louis XIV organise dans son palais en pleine construction une fête mémorable : "les Plaisirs de l'Ile Enchantée". Durant une semaine, banquets, comédies, ballets et feux d'artifice se succèdent. C'est à cette occasion que Molière donne les trois premiers actes de son Tartuffe, et une pièce beaucoup plus légère, *La Princesse d'Elide* : "... il est malaisé que, sans être amoureux, Un jeune prince soit et grand et généreux...". C'était finement tourné, car ces fêtes, officiellement en l'honneur de Marie-Thérèse et Anne d'Autriche, s'adressaient en réalité au moins autant à Mademoiselle de La Vallière.

Après trente-trois ans passés à Versailles, et plus de cinquante ans consacrés à son accomplissement, le roi s'éteint en 1715 dans sa chambre d'apparat, donnant sur la Cour de Marbre, au cœur de son domaine.

Après lui, le Régent réside au Palais-Royal, puis Louis XV réintègre Versailles en 1722. Il remanie quelque peu les appartements, leur donnant un aspect moins solennel et Jacques-Ange Gabriel propose un vaste projet de reconstruction, que le manque de crédits rend impossible. Il édifie tout de même la salle de l'Opéra, archétype des salles de spectacle françaises, et le Petit Trianon (1763-1768) pour madame de Pompadour, qui s'éteint entre-temps.

C'est Marie-Antoinette qui aménage ses alentours en parc à l'anglaise et le Hameau où les chaumières, le Temple de l'Amour et le Salon de Musique, décoré par Mique avec grâce et fraîcheur contrastent agréablement avec le luxe un peu froid du palais. Dans cette partie du parc se dressent encore quelques arbres séculaires, dont un séphora planté sous Louis XV.

Le divorce des rois et de Versailles se fait en 1789, lorsque des émeutiers contraignent la famille royale à rejoindre Paris. Louis-Philippe, réparant au mieux les dommages subis pendant la Révolution, fait du château un musée de l'histoire de France. Récemment, plusieurs pièces, comme la Chambre du Roi, se sont vu restituer fidèlement leur décor, dont le mobilier est l'un des fleurons du Grand Siècle.

La visite de Versailles ne peut s'achever sans un long détour par le parc, aujourd'hui d'une centaine d'hectares.

Depuis la terrasse, à l'arrière du château, la vue se perd sur le domaine royal. D'un côté, la longue façade aux toits plats à l'italienne, de l'autre, la perspective du Tapis Vert, qui descend jusqu'au Grand Canal : c'est l'Axe du Soleil, suivant la course de l'astre, d'est en ouest. De part et d'autre, s'étalent des parterres fleuris, des bosquets ombragés, ponctués de bassins aux décors travaillés ; il faut les découvrir lors des Grandes Eaux ou d'une fête de nuit pour en saisir toute la féérie. Les abords du château, aux lignes géométriques, sont le type même du jardin à la française.

Deux cent statues et vases peuplent ce temple à la nature, œuvres de prestigieux sculpteurs : Coysevox, Tuby, Bouchardon, Lemoyne... Enfin, dans un fouillis de merveilles, le Bosquet de la Salle de Bal, la Colonnade, ou l'Allée des Marmousets, mêlent harmonieusement la pierre et l'eau.

VERSAILLES

L'immense façade de Versailles se déroule sur 680 mètres de long. Pour parer à un risque de monotonie éventuel, Mansart a préféré casser le rythme en faisant saillir l'avant-corps central qui abrite les 75 mètres de la Galerie des Glaces.

RIVE GAUCHE

"Rive gauche"... Le terme est en lui-même aujourd'hui un symbole. Il y a presque un millénaire que les universitaires, les artistes, les contestataires aussi, ont élu domicile en-deçà de la Seine. Les "années folles" de l'entre-deux-guerres et l'euphorie intellectuelle qui suivit la Libération ont immortalisé Montparnasse et Saint-Germain-des-Prés comme les centres nerveux de la vie artistique et littéraire de la capitale. On dit même que lorsque Gide et ses amis cherchaient pour leur revue, la future NRF, ce que l'on appellerait aujourd'hui un sponsor, nombreux furent ceux qui leur conseillèrent Gaston Gallimard. Mais ils eurent un mouvement de recul car ce dernier habitait la rive droite : il n'allait pas tarder à déménager.

L'histoire de Paris commence dans l'île de la Cité. Une tribu celte à laquelle certains voient des origines asiatiques s'installe dans une petite île marécageuse, propice à la chasse et à la pêche.On les appelle Parisii, et leur île, la cité. L'emplacement est excellent car la Seine y est navigable, et sa traversée facile. En 52 avant J.-C., les Romains s'emparent de l'île et défrichent la rive avoisinante, l'île étant trop petite pour contenir leur colonie. L'aménagement de la rive gauche commence alors. Les thermes de Cluny et les arènes de la rue Monge sont, sur la rive, les principaux vestiges de ce que fut la ville romaine en plein essor. Dans l'île se trouvaient le Forum, le Palais du gouverneur (l'actuel Palais de Justice) et le temple de Jupiter. Deux voies de communication traversaient l'île (Lutèce) et la rive habitée (Lucotèce) : la principale venait d'Orléans, c'est l'actuelle rue Saint-Jacques, l'autre, parallèle, empruntait à peu près l'actuel boulevard Saint-Michel. Le commerce se faisait essentiellement par bateau. La ville était gérée par les Nautes (navigateurs) et l'emblème de cette corporation figure encore sur le blason de la ville de Paris (Fluctuat nec mergitur). Dix mille habitants y vivent dans la prospérité et le calme durant environ trois siècles. La christianisation de la Gaule fait des martyrs à Lutèce : saint Denis, son premier évêque, fut décapité en 250. Puis c'est la première invasion barbare. Au début du IVe siècle, Lutèce devient Paris, la cité des Parisii. Les barbares, un temps tenus en échec, reviennent, plus nombreux. Une chrétienne, Geneviève (423/502), harangue les Parisiens et les exhorte à s'organiser et à résister. Attila doit se replier. Avec saint Marcel (360/436), évêque de Paris qui, selon la légende, libéra les Parisiens d'un dragon, sainte Geneviève est l'une des figures les plus aimées des Parisiens.

En 508, Paris prend une nouvelle dimension car Clovis l'élit pour capitale, mais trois siècles plus tard, Charlemagne en s'installant à Rome puis à Aix-la-Chapelle, porte un coup très net à l'expansion de la ville. A plusieurs reprises, les Normands incendient Paris mais, en 888, le comte de paris devient roi de France. Et l'augmentation de la population conduit les habitants à s'intéresser à la rive droite de la Seine. Rive gauche, les abbayes de Saint-Germain et de Sainte-Geneviève abritent les Parisiens qui ne se sont pas réfugiés dans l'île pour fuir les Normands.

Au début du XIIe siècle, Louis VI fait aménager sur la rive droite les Halles. A la fin du siècle, Philippe Auguste entreprend la construction d'une enceinte qui couvre une superficie à peu près égale rive droite et rive gauche. Le gouvernement est installé rive droite dans le nouveau Palais du Louvre. Dans l'île, l'enseignement d'un moine attire les foules mais l'histoire a surtout retenu du célèbre Abélard ses démêlés avec Héloïse. Ce chanoine de Notre-Dame ayant épousé secrètement la jeune Héloïse, l'oncle de la jeune fille, Fulbert, fit émasculer le malheureux. Tous deux quittèrent Paris. Alternativement, Abélard sera

NOTRE-DAME

En faisant ravaler les monuments de Paris, André Malraux a permis de mettre à jour les somptueux détails de l'architecture parisienne. La façade de Notre-Dame, merveilleusement éclaircie, laisse apparaître tout l'art des fastes du gothique.

réclamé par ses disciples et condamné par l'Eglise. Bientôt, les étudiants obtiennent l'autorisation de quitter la Cité et de se regrouper en corporations : l'université de Paris vient de naître.

L'enseignement reste l'apanage des moines car ils sont les seuls à connaître le Latin, le Grec et l'Hébreu. Ils élisent ainsi domicile autour de la Montagne Sainte-Geneviève qui abrite les couvents de Sainte-Geneviève et Saint-Victor. Au siècle suivant, Louis IX qui n'est pas encore Saint Louis, accorde à son confesseur Robert, originaire de Sorbon dans les Ardennes, de créer un collège destiné à accueillir quelques étudiants qui se destinent à la théologie. Telle est l'origine de la Sorbonne. Son succès sera si grand que Paris deviendra bientôt la capitale intellectuelle du monde chrétien occidental. Les étudiants qui habitent la rive gauche bénéficient de nombreux privilèges ; tout d'abord, ils ne dépendent pas de la juridiction du prévôt de Paris et, autre faveur, ils ne peuvent être arrêtés par leurs créanciers. Venus de province comme de l'étranger, vivant loin des rigueurs de leur famille, ils constituent une communauté joyeuse et bruyante. A l'époque, les ponts avaient un aspect très différent de celui qu'ils ont aujourd'hui. Ils étaient un lieu de grande animation et abritaient, de part et d'autre de l'artère centrale, des maisons à étages, avec une échoppe au rez-de-chaussée : le Ponte Vecchio à Florence évoque d'assez près leur image d'alors. Sur l'enceinte de Philippe Auguste, le futur Pont Neuf de Henri IV se termine par un monument qu'Alexandre Dumas immortalisa : la tour de Nesle. L'enceinte de Paris a aussi ses donjons.

Au XVIe siècle, François Ier redonne un lustre nouveau à la rive gauche avec l'inauguration du Collège de France. Cette rive reste le fief des couvents et des universités. C'est sans doute la célèbre reine Margot qui, la première, s'empare prestement d'une des terres du clergé pour y élever le premier hôtel. Ce bien "mal acquis" deviendra le quai Malaquais. Deux siècles plus tard, le faubourg Saint-Germain (c'est-à-dire les terres qui entourent l'abbaye de Saint-Germain) se couvre d'hôtels particuliers qui, aujourd'hui, existent encore mais appartiennent pour la plupart aux ministères et aux ambassades. Puis Louis XV fait construire l'Ecole Royale Militaire à l'extérieur du faubourg : ce collège est attribué à la formation de jeunes gens pauvres qui se destinent à la carrière des armes. Le 14 juillet 1790, un officiant inattendu et boîteux organise la fête de la Fédération au Champ de Mars : Talleyrand vient de célébrer la dernière grande cérémonie de réconciliation nationale. La rive gauche vient officiellement d'étendre ses frontières. Un siècle plus tard, les abords du Champ de Mars sont demeurés très résidentiels et la construction de la Tour Eiffel, prévue uniquement pour l'Exposition Universelle de 1889, déchaîne les passions lorsque les riverains comprennent qu'elle ne sera pas détruite.

Montparnasse, le mont qui a emprunté son nom au panthéon grec, vit à l'aube du XXe siècle une aventure passionnante. C'est là que se retrouvent les écrivains et les peintres, les poètes, les exilés politiques, dans une euphorie artistique que Paris n'a pas connue depuis le Moyen Age. Le café Procope, près de l'Odéon, abritait jadis les joueurs d'échecs et les poètes, et au début du siècle l'effervescence intellectuelle se situe le long du boulevard Montparnasse. Venu des Etats-Unis, Hemingway immortalise la Closerie des Lilas alors que les émigrés russes mêlés aux poètes et aux peintres d'avant-garde font de Montparnasse un centre intellectuel d'une vie intense.

En bas, sur les rives de la Seine, face au Louvre, un autre bâtiment, traditionnel celui-là, fait également la gloire de Paris : l'Institut de France qui abrite les cinq académies. La plus célèbre est l'Académie Française dont les séances en "habit vert" semblent sorties d'un autre siècle. Un peu plus loin, le long de la Seine, un bâtiment a connu une étonnante transformation : l'élégante gare d'Orsay du siècle dernier est devenue un musée consacré aux œuvres du XIXe siècle. Ce pari s'est avéré un succès considérable.

RIVE DROITE

Cette rive nord de la Seine, les Parisiens l'ont conquise alors qu'ils étaient déjà bien implantés sur la rive gauche. On y trouve pourtant les plus anciennes maisons de Paris, dont celle de la rue Volta tout droit venue du XIIIe siècle.

Le cœur de la rive est historiquement le quartier des Halles. Au début du XIIe siècle, on inaugure le marché des Champeaux, créant ainsi un centre actif, dont certaines rues figurent encore dans nos Halles : rues Saint-Denis, de la Ferronnerie… tandis qu'à la périphérie, s'ébauche déjà ce qui deviendra le Marais. A la fin du même siècle, Philippe Auguste, quittant Paris pour les croisades, la clôt d'une enceinte. A l'ouest, veille le donjon du Louvre. Deux siècles plus tard, la capitale s'est largement étendue et Charles V fait ériger une nouvelle enceinte autour de la ville neuve. C'est pour le Louvre le début d'une autre ère : n'ayant plus de rôle défensif, il se transforme par étapes en un palais de prestige où la Renaissance étale ses richesses. François Ier en fait sa résidence parisienne et le Louvre voit ses abords envahis par les hôtels particuliers. Toute proche, l'église Saint-Eustache, construite en 1532, témoigne par ses dimensions de l'importance de ce quartier. La paroisse des rois de France est cependant Saint-Germain-l'Auxerrois (lieu de culte depuis le Ve siècle). Vers l'est sont apparues Saint-Gervais et Saint-Paul-Saint-Louis.

Dans l'enceinte de Charles V, la Bastille défendait le secteur est, surtout consacré aux cultures dont se chargaient quelques monastères. La rue Saint-Antoine et ses alentours prennent un nouvel essor lorsque l'hôtel Saint-Paul, puis celui des Tournelles, deviennent des séjours royaux. Sous Henri IV, au début du XVIIe, naît la place des Vosges ("Royale", à l'origine) qui tout au long de ce siècle reste le pôle d'attraction de ce que Paris compte de plus brillant et mondain. C'est le théâtre préféré des duellistes ; il y gravite une foule de gens de lettres ou de sciences (Mme de Sévigné, Bossuet, Melle de Scudéry…).

Parallèlement, pour se rapprocher du Louvre, le nouveau ministre Richelieu construit le Palais Cardinal. Il le lègue à sa mort à Louis XIII. Lorsque devenue régente, Anne d'Autriche s'y installe avec ses deux fils, Philippe et Louis — le futur Roi Soleil — le palais devient "Royal". Richelieu y avait adjoint un théâtre, c'est dans cette salle que Molière, en 1673, fut pris de malaise et ramené chez lui, à quelques pas, pour y mourir. Le théâtre devient alors la première salle d'Opéra sous l'autorité de Lulli. Tout à côté, Mazarin en venant s'installer auprès de sa reine, rue des Petits-Champs, avait constitué dans son hôtel un véritable musée, accumulant 500 tableaux, quantité d'œuvres diverses et des milliers de livres. Ce somptueux bâtiment est maintenant le siège de la Bibliothèque Nationale.

Le Palais-Royal connaît une immense vogue au cours du XVIIIe siècle. C'est l'endroit où se promènent tous les gens en vue, mêlés à une population plus légère, et même peu recommandable, au milieu d'attractions multiples. Puis la Révolution le transforme en Forum et jusqu'au début du XIXe siècle, ses cafés et ses maisons de jeu restent un lieu bouillonnant d'animation.

La fin du XVIIe siècle inaugure une nouvelle mode, celle des places. La place des Victoires est conçue par le maréchal de La Feuillade uniquement comme "écrin" à une statue de Louis XIV au faîte de sa puissance. La place Vendôme, contemporaine, s'avère, elle, une excellente opération spéculative, les financiers accourent. Aujourd'hui fief des joailliers, du superbe Ritz et du ministère de la Justice à la fois, c'est l'un des fleurons de l'image de marque parisienne.

Au siècle suivant, Gabriel ouvre enfin la monumentale place Louis XV, la

"Concorde" actuelle, entre le jardin des Tuileries et les Champs Elysées alors déserts. Ici, durant la Révolution, des centaines de têtes tombent sous la guillotine, dont celles de Louis XVI et de Danton. Plus tard, les huit angles sont ornés de statues représentant les grandes villes de France, et l'immense esplanade dotée de deux fontaines et de candélabres dus à Hittorff. L'obélisque de Louksor, érigé lui aussi sous Louis-Philippe, est le plus vieux monument de Paris, puisqu'il date du XIIIe siècle avant J.-C. C'est la démolition de la Bastille qui fournit en grande partie les pierres dont on fait le pont de la Concorde.

Napoléon, au lendemain de la victoire d'Austerlitz, entreprend d'élever un arc de Triomphe à la gloire de ses armées. Les travaux ne s'achèvent que sous Louis-Philippe et la place prend son allure actuelle lorsque Haussmann la pare de douze avenues "en étoile". On y inhume en 1920 un soldat qui devient le symbole de toutes les victimes des champs de bataille, et en 1923 est instaurée la tradition de la Flamme du Souvenir. Reliant la Concorde à ce glorieux monument, l'avenue des Champs Elysées n'a pas toujours été l'artère élégante qui attire aujourd'hui les foules. Les hôtels particuliers et les lieux de divertissement n'y fleurissent qu'à partir du Second Empire. Dans son sillage, tout le quartier avoisinant, le Bois de Boulogne, l'avenue Foch, l'avenue Montaigne, siège du fameux bal Mabille, Passy, Auteuil, se peuplent peu à peu d'hôtels somptueux. Le Grand et le Petit Palais construits pour l'Exposition de 1900 viennent ajouter encore à son prestige. L'autre côté de la "voie triomphale" suit le même mouvement autour du parc Monceau. Haussmann, organise encore la place de l'Opéra, comme un carrefour important. Le bâtiment de Garnier est au cœur de voies qui le relient à la place Vendôme, la Madeleine, le Palais-Royal ou la République.

Dominant tout cela, la "butte" paraît suivre en retrait sa vie d'artiste. Les escaliers de Montmartre et ses rues tortueuses menant au Sacré Cœur sont une oasis pittoresque dans le Paris actuel, même si les vignes ont disparu. Utrillo, Renoir et bien d'autres en ont transcrit les charmes. Dès le XIXe siècle, c'est le refuge des peintres et des poètes. Apollinaire, Van Gogh, Vlaminck, Picasso, Braque, innombrables sont les artistes qui y passent, tandis que le Moulin de la Galette accueille les grands noms du "caf'conc". Le Moulin Rouge, la place Blanche, la place du Tertre évoquent encore un désordre joyeux de peintres et de fêtards.

Evoquant luxe et tradition, la rive droite pouvait sembler un peu figée — au moins depuis Haussmann — face aux turbulences de la rive "pensante". Depuis le début des années soixante, au contraire, les bouleversements s'enchaînent : l'aménagement des Halles autour du Forum et de Beaubourg, la réhabilitation du Marais, l'apparition à Bercy d'un Palais omnisports, la construction de la Géode et de la Cité des Sciences à la Villette, les œuvres de Buren implantées dans le Palais-Royal, la métamorphose spectaculaire du Louvre, et enfin l'Opéra de la Bastille, à la pointe des techniques architecturale et acoustique.

Le Marais avait tant souffert lorsqu'on organisa sa restauration, qu'on envisagea de le raser. Heureusement, des architectes de talent ont su lui rendre le cachet d'un ensemble incomparable.

De son côté, le "ventre de Paris", vidé de son marché légendaire en 1969, a connu une étrange évolution. Les pavillons Baltard ont cédé la place au très moderne Forum. Cernée d'une vaste zone piétonne ponctuée de sculptures contemporaines, son architecture de verre s'intègre aux immeubles classiques qui l'environnent.

Enfin Beaubourg, qui déchaîna tant de controverses. Il est dommage que Georges Pompidou ne soit plus là aujourd'hui pour constater à quel point son projet futuriste dans le ventre même de Paris symbolise à présent une forme importante du renouveau intellectuel de la capitale, même si son esthétique ne peut rallier tous les goûts.

LA PYRAMIDE

Le projet du Grand Louvre, décidé par F. Mitterrand en 1981, a été mené à bien tambour battant. Le but était ambitieux : adapter un cadre difficilement remaniable aux exigences de la muséologie moderne. La pyramide de verre due à I.M. Pei, couronne un ensemble de centres documentaires, auditoriums, librairie... En même temps, les fouilles de la Cour Carrée ont mis à jour les vestiges du Louvre médiéval, ouvrant au public une partie jusqu'ici méconnue du patrimoine. Ce "super" musée a ainsi trouvé un nouveau souffle, entraînant dans sa renaissance l'un des quartiers de Paris les plus chargés d'histoire.